Les Aides
Invisibles

PAR

C.-W. LEADBEATER

TRADUIT DE L'ANGLAIS

PARIS

PUBLICATIONS THÉOSOPHIQUES

10, RUE SAINT-LAZARE, 10

1902

Les Aides Invisibles

Les Aides Invisibles

PAR

C.-W. LEADBEATER

TRADUIT DE L'ANGLAIS

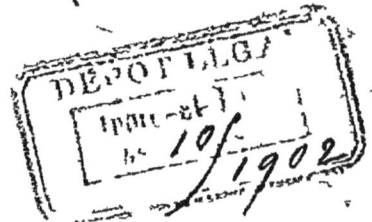

PARIS

PUBLICATIONS THÉOSOPHIQUES

10, RUE SAINT-LAZARE, 10

1902

LES AIDES INVISIBLES

CHAPITRE PREMIER

LEUR EXISTENCE EST UNIVERSELLEMENT RECONNUE

Un des plus beaux caractères de la Théosophie
est de nous rendre, sous une forme plus ration-
nelle, tout ce qui était vraiment utile et secourable dans les religions qui ne répondent plus à
nos besoins. Beaucoup de personnes, après avoir
brisé la chrysalide de la foi aveugle et pris leur
essor — grâce aux ailes de la raison et de l'intuition — vers la vie mentale, plus libre et plus
noble, de plans plus élevés, ont néanmoins le
sentiment que, si elles ont réalisé ce gain merveilleux, elles ont d'autre part éprouvé une perte
— qu'en renonçant aux croyances de leur enfance
elles ont vu, du même coup, leur vie s'appauvrir
en beauté et en poésie.

1

Leurs existences passées ont-elles été assez bonnes pour leur permettre de se trouver sous l'influence bienfaisante de la Théosophie — elles s'aperçoivent cependant très vite que, même dans ce cas, elles n'ont rien perdu, mais, au contraire, considérablement gagné. La gloire, la beauté, la poésie sont là — dans une mesure dépassant toutes leurs espérances d'autrefois — non plus comme un simple rêve agréable que la froide lumière du sens commun peut toujours faire cesser par un réveil brutal, mais bien comme des vérités d'ordre naturel, capables de supporter l'examen et qui deviennent d'autant plus lumineuses, plus vastes et plus complètes qu'elles sont comprises avec plus de précision.

La Théosophie donne un exemple frappant de son action bienfaisante, par la manière dont elle a rendu à la vie moderne la croyance au monde invisible regardé jadis, avant l'irruption de la grande vague matérialiste, comme la source de tout secours vivant. Elle montre que les charmantes légendes populaires mettant en scène les Elfes, les Brownies, les Gnomes, les esprits de l'air et de l'eau, de la forêt, de la montagne et de la mine, ne sont pas de simples et creuses superstitions, mais qu'elles reposent sur des faits réels et scientifiques. Sa réponse à la grande uestion fondamentale : « Si l'homme meurt, re-

vivra-t-il ? » est tout aussi claire et aussi scien
-tifique, et ses enseignements sur la nature et les
conditions de la vie d'outre-tombe jettent un flot
de lumière sur des points qui — tout au moins
pour le monde occidental — étaient enveloppés
jusqu'ici dans une impénétrable obscurité.

On ne saurait trop le répéter — dans ces enseignements concernant l'immortalité de l'âme
et la vie posthume, la Théosophie diffère absolument de la religion ordinaire. Elle ne se borne
pas à proclamer ces grandes vérités en s'appuyant
sur l'autorité de quelque livre sacré transmis par
les siècles passés. En traitant ces questions, elle
ne s'occupe pas d'opinions pieuses ou de spécu-
lations métaphysiques, mais de faits solides, bien
définis, aussi réels et aussi à notre portée que
l'air respiré par nous ou les maisons que nous
habitons — des faits dont beaucoup d'entre nous
font constamment l'expérience — des faits parmi
lesquels certains de nos étudiants accomplissent
leur travail quotidien : nous le verrons tout à
l'heure.

Parmi les belles conceptions que la Théosophie
nous a rendues, vient en première ligne celle de
l'existence, dans la nature, de grandes puissances
secourables. Cette croyance a été universelle dès
l'aurore des temps historiques ; elle l'est encore
aujourd'hui en dehors des limites étroites du

Protestantisme qui a, pour ses sectateurs, dépeu-
plé et assombri le monde, en voulant rejeter
l'idée naturelle et parfaitement juste d'agents in-
termédiaires et tout réduire à deux facteurs —
l'Homme et la Divinité — d'où une dégradation
infinie de l'idée de Dieu et aucun secours pour
-'homme.

Un instant de réflexion montrera que l'existence d'une Providence, comme on la conçoit ordinairement — pouvoir central de l'Univers,
modifiant d'une manière capricieuse le résultat
de ses propres décrets — impliquerait l'introduc-
on, dans le plan général, d'une certaine partia-
- té et, par suite, de tous les maux qui en décou-
ent forcément. La Théosophie échappe à cette
grave objection car, suivant ses enseignements,
un homme ne peut être spécialement aidé que si
ses actions passées l'en ont rendu digne et —
même dans ce cas — il ne sera secouru que par
des êtres relativement rapprochés de son propre
niveau. De plus, la Théosophie nous ramène à
l'idée plus ancienne et bien plus grandiose d'une
échelle ininterrompue d'êtres vivants s'étendant
du *Logos* lui-même jusqu'à la poussière que nous
foulons aux pieds.

En Orient, l'existence des aides invisibles a
toujours été reconnue, bien que les noms qu'on
leur donne et les particularités qu'on leur prêt

varient, naturellement, suivant les pays. Ici même, en Europe, les vieux récits grecs ont constamment fait intervenir les dieux dans les affaires humaines et, suivant la légende romaine, Castor et Pollux conduisaient les légions de la République naissante à la bataille du lac Régille. Une croyance semblable ne disparut point avec la période classique, car ces récits eurent pour successeurs, au moyen âge, les histoires de saints qui apparaissaient dans les moments critiques et tournaient la fortune des armes en faveur des armées chrétiennes — ou d'anges gardiens qui intervenaient parfois, pour sauver un pieux voyageur de ce qui eût été autrement, pour lui, une mort certaine.

CHAPITRE II

Même à notre époque d'incrédulité, en plein tourbillon de notre civilisation du XIXe siècle, malgré le dogmatisme de notre science et la mortelle froideur de notre Protestantisme, il est possible, pour tout homme qui veut s'en donner la peine, de relever des cas d'interventions, inexplicables au point de vue matérialiste. Pour le prouver au lecteur, je résumerai brièvement quelques exemples pris, de côté et d'autre, dans des ouvrages récents consacrés à ce genre de faits. J'en ajouterai un ou deux autres que j'ai eu l'occasion d'observer personnellement.

Ces exemples plus récents présentent une particularité remarquable — l'intervention semble presque toujours s'être produite pour secourir ou sauver des enfants.

Un cas intéressant s'est présenté à Londres, il y a peu d'années — la préservation d'une vie d'enfant dans un terrible incendie qui, éclatant dans une rue située non loin d'Holborn, y détruisit entièrement deux maisons. Les flammes avaient fait de tels progrès, avant qu'on s'en aperçût que les pompiers ne purent sauver les maisons. Ils parvinrent cependant à sauver tous les habitants, sauf deux — une vieille femme qui fut asphyxiée par la fumée avant d'être secourue et un enfant de cinq ans environ, dont la présence dans la maison avait été oubliée dans ces instants de précipitation et d'affolement.

La mère était, paraît-il, une amie ou une parente de la propriétaire et lui avait confié, pour la nuit, ce petit enfant, étant elle-même appelée à Colchester par une affaire. Tout le monde avait été sauvé — la maison entière était en flammes — quand la propriétaire se souvint, avec une terrible angoisse, du dépôt qui lui avait été confié. Essayer de monter jusqu'à la mansarde où l'on avait couché l'enfant semblait une tentative inutile, mais un pompier résolut, héroïquement, de faire cet effort désespéré. Muni d'explications minutieuses concernant la position exacte de la chambre, il s'élança dans la fumée et dans les flammes.

Il trouva l'enfant et le ramena sain et sauf,

mais, en rejoignant ses camarades, il eut un sin-
gulier récit à faire. Il déclara qu'en atteignant
la chambre il la trouva en flammes, la plus
grande partie du plancher s'étant déjà effondrée.
Seulement le feu décrivait une courbe qui allait
vers la fenêtre en suivant les murs. Ce n'était ni
naturel, ni explicable, et il n'avait jamais rien
vu de pareil. Le coin où couchait l'enfant était,
par suite, resté intact, bien que les solives même
fussent à moitié consumées. La terreur de l'enfant était naturellement extrême, mais le pompier déclara d'une façon nette et réitérée qu'en
se dirigeant vers lui, au prix des plus grands
risques, il vit ce qui ressemblait à un ange.
C'était — pour citer ses propres paroles — quelque chose de superbement blanc et argenté, se
penchant sur le lit et lissant, de la main, le couvre-
pied. Impossible de s'y tromper — disait il encore — car l'apparition resta visible pendant un
instant, dans une lueur intense, et, en somme,
ne disparut qu'à quelques pieds de moi.

Cette histoire présente une autre particularité
curieuse. La mère ne put dormir — cette même
nuit — à Colchester, étant tourmentée par le sentiment persistant et impérieux qu'il arrivait
quelque chose à son enfant — si bien qu'elle dut
se lever et rester assez longtemps en prières, demandant avec ferveur que le petit fût préservé

du danger qu'elle sentait instinctivement planer sur lui.

Ici l'intervention était donc, évidemment, ce qu'un chrétien appellerait l'exaucement d'une prière. Un théosophe, exprimant la même idée en termes plus scientifiques, dirait que l'amour maternel, par l'intensité de son effusion, avait constitué une force que l'un de nos aides invisibles avait pu employer pour sauver l'enfant d'une mort terrible.

Un cas remarquable, où des enfants furent protégés d'une manière anormale, s'est présente sur les bords de la Tamise, près de Maidenhead, quelques années avant l'épisode précédent. Cette fois, le danger dont ils furent préservés ne venait pas du feu mais de l'eau. Trois petits enfants qui habitaient. si je ne me trompe, Shottesbrook ou les environs, avaient été emmenés à la promenade, par leur bonne, le long du chemin de halage. Ayant tourné un coin, en courant, ils rencontrèrent subitement un cheval qui halait un chaland et, dans l'instant de confusion qui en résulta, deux d'entre eux se trouvèrent pris par la corde et jetés à l'eau.

Le batelier, voyant l'accident, s'élança pour leur porter secours. Or il remarqua qu'ils sur nageaient, suivant son expression « d'une manière pas du tout naturelle », et qu'ils se diri-

geaient tranquillement vers la berge. Ni lui, ni
la bonne n'en virent davantage, mais chacun
des enfants déclara « qu'une belle personne,
toute blanche et toute brillante », s'était tenue
près d'eux dans l'eau et les avait soutenus et dirigés vers le bord. Or leur récit se trouva corro-
boré — car la petite fille du batelier, qui était
sortie bien vite de la cabine en entendant les cris
de la bonne, affirma — elle aussi — avoir vu
dans l'eau une belle dame qui tirait les deux
enfants vers la berge.

Sans détails plus complets que ceux donnés
par cette histoire, il est impossible de dire,
d'une manière certaine, à quelle catégorie d'aides
appartenait « l'Ange » en question. Il est probable, cependant, que c'était un être humain
développé, fonctionnant dans le corps astral,
comme nous le verrons en étudiant notre sujet
sous son autre face, pour ainsi dire, et nous pla-
çant plutôt au point de vue des aides qu'à celui
des personnes secourues.

Un cas, où la nature de l'intervention se recon-
naît plus nettement, est rapporté par le clergyman
bien connu Dr John Mason Neale. Voici son récit :

Un homme, ayant perdu récemment sa femme,
vint, avec ses petits enfants, faire un séjour dans
la maison de campagne d'un ami. C'était un
vieux manoir, de construction irrégulière. Dans

le sous-sol se trouvaient de longs corridors obscurs, où les enfants jouaient avec délices. Mais voilà qu'ils remontèrent, très graves, à l'étage supérieur, et deux d'entre eux racontèrent qu'en courant dans un de ces corridors ils avaient rencontré leur mère. Elle leur dit de revenir sur leurs pas — puis disparut. L'examen des lieux montra que, quelques pas plus loin, les enfants seraient tombés dans un puits profond et découvert, qui s'ouvrait sur leur chemin. L'apparition de leur mère les avait donc sauvés d'une mort presque certaine.

Dans ce cas, il ne semble pas y avoir lieu de douter que la mère elle-même ne continuât, du plan astral, à surveiller avec amour ses enfants et que (comme dans d'autres cas) son ardent désir de les prévenir du danger où ils allaient étourdiment se jeter ne lui ait donné le pouvoir de se faire voir et entendre — ou peut-être de simplement leur donner l'impression mentale qu'ils l'avaient vue et entendue. Il est possible, évidemment, que l'aide ait pu être une personne différente, ayant pris l'apparence familière de la mère pour ne pas faire peur aux enfants. Pourtant l'hypothèse la plus simple est d'attribuer l'intervention à un amour maternel toujours en éveil et que le passage à travers les portes de la mort n'avait pu altérer.

- L'amour maternel—un des sentiments humains
les plus saints et les moins égoïstes — est aussi
un des plus persistants sur les plans supérieurs.
Une mère qui se trouve dans les régions inférieures du plan astral et, par suite, encore à
portée de la terre, continue à s'intéresser à ses
enfants et à veiller sur eux tant qu'il lui est possible de les voir. Bien plus, ces petits êtres, même
après son entrée dans le monde céleste, continuent à occuper la première place dans ses pensées. L'immense amour qu'elle prodigue aux
images qu'elle s'y forme de ses enfants constitue
un puissant dégagement de force spirituelle, qui
se répand sur ses enfants encore engagés dans les
luttes du monde inférieur et les entoure de cen-
tres vivants d'énergie bienfaisante qu'on peut
très bien se représenter comme de véritables
anges gardiens! On en trouvera un exemple
dans le sixième de nos manuels théosophiques,
page 38.

Il n'y a pas longtemps, la petite fille d'un de
nos évêques anglais, étant sortie à pied, avec sa
mère, dans la ville où elles habitaient, l'enfant
traversa, en courant, une rue et fut renversée par
les chevaux d'une voiture qui, tournant un coin,
arriva brusquement sur elle. La voyant sous les
pieds des chevaux, sa mère s'élança vers elle,
s'attendant à la trouver grièvement blessée. mais

l'enfant se releva, toute gaie, en disant : « Je n'ai pas le moindre mal, maman ! car une chose toute blanche a empêché les chevaux de me marcher dessus et m'a dit de ne pas avoir peur. »

Un cas qui s'est présenté dans le comté de Buckingham, aux environs de Burnham Beeches, est remarquable par le temps prolongé pendant lequel semble avoir persisté la manifestation physique de l'agent sauveteur. On aura vu que, dans les exemples cités jusqu'ici, l'intervention n'a duré que quelques instants. Dans ce cas-ci, au contraire, il s'est produit un phénomène qui semble avoir duré plus d'une demi-heure.

Deux des jeunes enfants d'un petit fermier avaient été laissés à leurs jeux pendant que leurs parents et tout leur personnel étaient à moissonner. Ils partirent, pour se promener dans les bois. s'éloignèrent considérablement de la maison, puis trouvèrent moyen de se perdre. Les parents, en rentrant, fatigués, à la tombée de la nuit, s'aperçurent de l'absence des enfants et, après avoir été aux renseignements dans quelques maisons voisines, le père envoya à leur recherche, dans différentes directions, des domestiques et des ouvriers.

Leurs efforts, cependant, furent inutiles. Personne ne répondit à leurs appels. Ils venaient de se retrouver à la ferme, assez découragés, quand tous virent une lumière étrange qui traversait

lentement, à quelque distance de là, des champs
touchant à la route. C'était, suivant eux, une masse
sphérique considérable, d'une lueur chaude et
dorée, ne ressemblant en rien a la lumière d'une
lampe ordinaire. Elle se rapprocha, et l'on aper-
çut les deux enfants absents, marchant d'un pas
soutenu au milieu d'elle. Le père et quelques
autres personnes se mirent immédiatement à
courir vers la lumière. L'apparence persista jusqu'à ce qu'ils l'atteignissent, mais, au moment où
ils mirent la main sur les enfants, elle s'évanouit,
les laissant dans l'obscurité.

Les enfants racontèrent qu'à nuit close ils
avaient erré, en pleurant, dans les bois et qu'ils
avaient fini par se coucher, pour dormir, sous un
arbre. Ils furent réveillés, dirent-ils, par une
belle dame tenant une lampe, qui les prit par la
main et les ramena chez eux. Quand ils la ques-
tionnaient, elle souriait, mais sans jamais prononcer un seul mot. Tous deux persistèrent dans
cet étrange récit, sans qu'il fût possible d'ébranler
leur foi dans ce qu'ils avaient vu. Un point est
à remarquer, cependant. Tous les assistants virent la lumière et constatèrent qu'elle éclairait
les arbres et les haies sur lesquels elle tombait,
absolument comme l'aurait fait une lumière ordinaire, mais la forme d'une dame ne fut visible
que pour les enfants.

CHAPITRE III

UNE EXPÉRIENCE PERSONNELLE

Tous les faits qui précèdent sont plus ou moins connus; on peut les trouver dans quelques-uns des ouvrages où sont réunis des récits de ce genre, la plupart dans *More Glimpses of the World Unseen*, par le Dr Lee. Mais les deux cas que je vais rapporter le sont pour la première fois. Tous deux se sont produits au cours des dix dernières années ; l'un m'est personnel, l'autre est celui d'un ami intime, membre distingué de la Société théosophique et dont l'exactitude des observations ne fait aucun doute.

Ma propre aventure est bien simple, malgré l'importance qu'elle a eue pour moi, l'intervention m'ayant sûrement sauvé la vie.

Je suivais à pied, un soir où la pluie et le vent faisaient rage, une rue tranquille et retirée, près

de Westbourne Grove. Je luttais, sans grand succès, pour maintenir un parapluie contre les coups
de vent violents qui menaçaient, à tout instant,
de me l'arracher des mains et, tout en avançant
à grand peine, j'essayais de repasser dans mon
esprit les détails d'un travail qui m'occupait
alors.

J'entendis tout à coup, avec saisissement, une
voix qui m'est bien connue — celle d'un maître
hindou — me crier à l'oreille : « En arrière ! »
J'obéis machinalement et me rejetai brusquement
en arrière, presque sans avoir le temps de réfléchir.
Au même instant mon parapluie qui, par suite
de ce mouvement subit, s'était porté en avant,
me fut arraché des mains, et un énorme tuyau
de cheminée en métal, passant à moins d'un yard
de mon visage, s'abattit avec fracas sur le trot-
toir. Le poids considérable de cet objet et la force
énorme de sa chute me donnèrent la conviction
que, sans l'avertissement donné par la voix,
j'aurais été tué sur place. Cependant la rue était
déserte et la voix était celle d'une personne que
je savais être à 7.000 milles de là, du moins en ce
qui concerne le corps physique.

Ce n'est pas, du reste, la seule occasion où
j'aie été assisté de cette manière exceptionnelle
car, dans ma jeunesse, bien avant la fondation
de la Société théosophique, l'apparition d'un être

cher, récemment décédé, m'empêcha de commettre ce que je regarde aujourd'hui comme un vrai crime, bien que — à la lumière de mes connaissances d'alors — ce crime m'apparût comme un acte de représailles, non seulement excusable, mais même louable. Puis, à une époque plus rapprochée, mais avant la fondation de la Société, je reçus un avertissement, qui me fut adressé d'un plan supérieur, dans les circonstances les plus impressionnantes. Il me permit d'empêcher un de mes semblables de prendre une décision qui l'aurait amené — je le sais aujourd'hui — à un désastre. Je n'avais pourtant, à l'époque, aucune raison pour le supposer. Le lecteur voit donc que j'ai une certaine expérience personnelle pour appuyer ma foi dans l'existence d'aides invisibles, même si je ne savais pas que l'aide est constamment donnée, de nos jours.

L'autre cas est beaucoup plus frappant. L'un de nos membres, qui me permet de publier cette histoire, mais désire garder l'anonyme, se trouva un jour — physiquement — en grand danger. Par suite de circonstances qu'il est inutile de détailler ici, cette dame se vit prise dans une émeute. Voyant à ses côtés plusieurs hommes tomber sous les coups et évidemment grièvement blessés, elle s'attendait à chaque instant à subir le même sort, car il lui semblait tout à fait impossible de s'échapper de cette foule compacte.

Subitement elle éprouva la bizarre sensation d'être arrachée à la foule et se retrouva debout et absolument seule dans une petite rue écartée, parallèle à celle où l'émeute avait eu lieu. Elle entendait encore le bruit de la lutte et — comme elle était là, se demandant ce qui avait pu lui arriver — deux ou trois hommes qui s'étaient échappés de la foule tournèrent, en courant, le coin de la rue et, l'apercevant, lui exprimèrent toute leur surprise et tout leur plaisir — disant qu'en voyant disparaître subitement cette dame courageuse du milieu de la bagarre, ils avaient été convaincus qu'elle avait été renversée.

Sur le moment elle ne put rien s'expliquer et rentra chez elle fort intriguée. Mais, plus tard, ayant raconté cette étrange aventure à Mme Blavatsky, elle apprit que, son karma étant de nature à lui permettre d'échapper à cet extrême danger, un Maître avait envoyé un messager spécial pour la protéger. Dans l'intérêt de l'œuvre, il fallait qu'elle vécût.

Le cas reste néanmoins très extraordinaire — aussi bien par la grande puissance mise en jeu que par le caractère exceptionnellement public de sa manifestation. Il est facile de se représenter le *modus operandi*. La personne a dû être enlevée par-dessus les maisons attenantes et, tout simplement, déposée dans la rue voisine. Son corps physique n'ayant pas été visible dans son passage à travers les airs — il est également évident qu'un voile quelconque (probablement de matière éthérique) a dû être jeté autour d'elle pendant le trajet.

Mais — me dira-t-on — tout ce qui est capable de cacher la matière physique doit être également physique. A cela je puis répondre que, par un procédé familier à tout étudiant de l'occulte, il est possible de détourner les rayons lumineux — qui, dans toutes les conditions actuellement connues par la science, ne se dirigent qu'en ligne droite, à moins d'être refractés — de telle manière qu'après avoir passé autour d'un objet ils puissent reprendre exactement leur première direction. Il est donc évident qu'un tel objet serait, pour des yeux physiques, absolument invisible, jusqu'au moment où les rayons seraient replacés dans leur direction normale. Je sais fort bien qu'à elle seule cette affirmation suffira pour faire traiter mes observations d'absurdes, par la science contemporaine. Je n'y puis rien. Je me borne à mentionner une possibilité naturelle que la science de l'avenir découvrira sans doute un jour. Pour les personnes qui n'étudient pas l'occultisme, mes paroles devront attendre jusque-là pour pouvoir être justifiées.

Le procédé, ai-je dit, est assez facile à saisir pour une personne ayant quelques notions des forces naturelles occultes. Le phénomène n'en reste pas moins extrêmement dramatique. Quant au nom de l'héroïne, il serait — si j'avais la permission de le donner — une garantie, pour tous mes lecteurs, de l'exactitude de mon récit.

Depuis que la première édition de cet ouvrage a été publiée, j'ai eu connaissance d'une autre intervention récente ; elle est moins frappante, peut-être, que la précédente, mais elle a parfaitement réussi.

Une dame, obligée de faire seule un long voyage en chemin de fer, avait pris la précaution de retenir un compartiment vide — mais, au moment où le train se mettait en marche, un homme de tournure inquiétante et de mauvaise mine monta rapidement et s'assit à l'autre extrémité du wagon. La voyageuse eut très peur de se voir ainsi seule avec un individu d'apparence aussi suspecte — mais il était trop tard pour crier au secours ; elle se tint donc tranquille, tout en se recommandant avec ferveur à son Patron.

Bientôt ses craintes redoublèrent, car l'homme se leva et se tourna vers elle avec un mauvais sourire. Mais, à peine eut-il fait un pas, qu'il se rejeta en arrière, avec une expression de stupé faction et de terreur extrêmes. La voyageuse suivit la direction de son regard et tressaillit en voyant un monsieur assis devant elle : très calme, il regardait fixement le voleur désappointé. A coup sûr il n'était pas entré comme tout le monde ! Trop impressionnée pour parler, la dame, comme fascinée, ne le quitta pas des yeux — et cela, pendant plus d'une demi-heure. L'inconnu n'ouvrait pas la bouche, ne regardait même pas sa voisine — mais continuait à fixer le malfaiteur tremblant, affaissé sur lui-même à l'autre bout du compartiment. Dès que le train atteignit la station suivante et, avant même qu'il ne se fût arrêté, le voleur se rua sur la portière et bondit au dehors.

La dame, profondément reconnaissante d'être délivrée, allait exprimer toute sa gratitude — mais personne n'occupait plus la banquette, bien qu'il eût été impossible, pour un corps physique, de sortir aussi rapidement du wagon.

Dans le cas présent, la matérialisation a été maintenue plus longtemps que d'habitude. D'autre part il n'y a eu ni dépense de force, ni action d'aucune sorte ; elles eussent du reste été inutiles; une simple apparence suffisait.

Mais ces faits — se rapportant tous à ce qu'on est convenu d'appeler des interventions angéliques — ne montrent qu'une faible partie du champ d'action de nos aides invisibles. Avant de pouvoir, cependant, considérer les autres branches de leur travail, il sera bon.de nous faire une idée bien nette des différents genres d'entités auxquels peuvent appartenir ces aides. Telle sera donc la partie de notre sujet que nous allons aborder maintenant.

CHAPITRE IV

LES AIDES

L'assistance peut donc venir de plusieurs des nombreuses catégories d'habitants peuplant le plan astral : de devas, d'esprits de la nature ou de ceux que nous appelons les morts, comme de ceux qui, de leur vivant, vont et viennent consciemment sur le plan astral. Ce sont surtout les adeptes et leurs élèves. Mais un examen plus attentif nous montrera que, si toutes les catégories énumérées peuvent prendre — et prennent part en effet — à cette tâche, c'est dans une mesure si inégale qu'en somme elle incombe presque entièrement à une seule classe.

Le fait que cette œuvre d'assistance doit s'accomplir si souvent sur le plan astral — ou de ce plan — en est, à lui seul, une explication presque suffisante. Il saute aux yeux — quand on a la

moindre idée de ce que sont, en réalité, les pou-
voirs dont dispose un adepte — que, pour lui,
travailler sur le plan astral constituerait un gas-
pillage d'énergie bien plus considérable que, pour
nos médecins et savants les plus éminents,
passer leur temps à casser des pierres sur les
routes.

Le travail de l'adepte a pour théâtré des régions plus hautes, principalement les niveaux
arûpa (1) du plan dévachanique ou monde céleste. Là il peut employer ses énergies à influencer la véritable individualité humaine et non pas
simplement la personnalité qui, seule, peut être
atteinte dans les mondes astral et physique. Les
forces qu'il met en jeu, dans ce milieu plus exalté,
produisent des résultats plus considérables, plus
importants par leurs conséquences et plus dura-
bles qu'aucun de ceux pouvant s'obtenir ici-bas,
même en dépensant dix fois plus de force.
D'autre part, la tâche est, là-haut, d'une nature
telle que l'adepte seul peut la remplir. Celle des
plans inférieurs peut, au contraire — du moins
dans une certaine mesure — être accomplie par
ceux dont les pieds sont encore sur les premières
marches de l'immense escalier qui, un jour, leur

(1) Où la forme, telle que nous la connaissons, cesse
d'exister (N. d. t.)

permettra de rejoindre l'adepte là où il se tient
maintenant.

Ces observations s'appliquent également aux
dévas. Appartenant à un règne naturel plus élevé
que le nôtre, leur travail semble généralement
tout à fait étranger à l'humanité. D'ailleurs, ceux
d'entre eux — il y en a quelques-uns — qui répondent parfois à nos aspirations ou appels les
plus élevés, le font plutôt sur le plan mental que
sur les plans physique ou astral et — le plus souvent — dans les périodes comprises entre nos
incarnations plutôt que pendant nos vies terrestres.

Quelques exemples d'assistance ainsi donnée
— le lecteur s'en souviendra peut-être — furent
notés au cours des études entreprises, dans les
différents départements du plan dévachanique,
au moment où se préparait le manuel théosophique traitant ce sujet. Dans un de ces cas, un
déva enseignait à un choriste la musique céleste
la plus merveilleuse. Dans un autre, un déva
d'une classe différente instruisait et guidait un
astronome qui cherchait à comprendre la forme
et la structure de l'univers.

Ce ne sont là que deux exemples pris parmi
des cas nombreux où l'on remarque l'aide donnée à l'évolution par le grand règne déva et la
manière dont il répond, après la mort, aux aspi-

·rations humaines les plus hautes. Il existe des
méthodes par lesquelles, même durant la vie
terrestre, on peut se rapprocher de ces grands
êtres et en recevoir infiniment d'instruction ;
cependant — même dans ce cas — ces relations
s'établissent plutôt en nous élevant jusqu'à leur
plan qu'en leur demandant de descendre au
nôtre.

Le déva intervient rarement dans les événements ordinaires de notre vie physique. A vrai
dire, il est si absorbé par la tâche infiniment plus
grandiose, spéciale à son propre plan, qu'il est,
sans doute, à peine conscient de notre existence
et — bien qu'il puisse lui arriver, parfois, de remarquer une douleur ou des difficultés humaines
qui émeuvent sa pitié et lui inspirent le désir de
leur porter secours — sa vision plus vaste lui
montre, certainement, qu'au point actuel de
l'évolution des interventions semblables feraient,
dans la très grande majorité des cas, infiniment
plus de mal que de bien.

Il y a certainement eu, dans le passé — quand
l'humanité était dans l'enfance — une période
où l'homme recevait du dehors beaucoup
plus d'aide qu'aujourd'hui. A l'époque où tous
ses Bouddhas et tous ses Manous, et même ses
chefs et ses maîtres moins élevés, sortaient
des rangs, soit de l'évolution déva, soit de l'hu-

manité arrivée à la perfection et venant d'une
planète plus avancée, le genre d'assistance envi-
sagé dans cet ouvrage a dû incomber aussi à ces
êtres exaltés. Mais, en progressant, l'homme
devient lui-même capable d'aider ses semblables,
d'abord sur le plan physique, puis sur des plans
supérieurs. Nous sommes maintenant arrivés à
un degré où l'humanité devrait pouvoir fournir
— et elle le fait dans une faible mesure — ses
propres aides invisibles. Elle donnerait ainsi aux
êtres qui en sont susceptibles la liberté de se
consacrer à un travail plus utile encore et plus
élevé.

Il est donc évident que le genre de secours dont
nous parlons ici peut parfaitement être donné
par des hommes et par des femmes arrivés à un
certain degré d'évolution. Il ne le sera ni par les
adeptes — ils sont susceptibles de remplir une
tâche bien plus haute et d'une utilité bien plus
vaste — ni par les personnes ordinaires, sans
développement spirituel suffisant et incapables
de se rendre utiles. Comme ces considérations
nous amèneraient à le supposer, le travail pour
autrui, sur les plans astral et mental inférieurs,
revient principalement aux élèves des Maîtres
— c'est-à-dire à des hommes qui, bien éloignés
encore du moment de devenir adeptes, se sont
cependant suffisamment développés pour être

capables d'agir consciemment sur les plans en
question.

Quelques-uns, faisant un pas de plus, ont rendu
complète l'union entre la conscience physique et
celle des niveaux supérieurs; aussi ont-ils l'avan
tage incontestable de se rappeler, à l'état de
veille, ce qu'ils ont fait et appris dans ces autres
mondes. Beaucoup d'autres, encore incapables
de conserver la continuité de leur conscience,
sont loin cependant de perdre leur temps alors
qu'ils croient dormir, car ils le consacrent à un
travail généreux et désintéressé en faveur de
leurs semblables.

Nous allons voir maintenant en quoi consiste
le travail. mais, avant d'aborder cette partie de
notre sujet, nous irons au-devant d'une objection
qu'on oppose très souvent à ce genre de tâche.
En même temps nous citerons, pour mémoire,
les cas relativement rares où les agents sont, soit
des esprits de la nature, soit des hommes ayant
rejeté leur corps physique.

Certaines personnes — comprenant encore
imparfaitement les idées théosophiques — se de-
mandent souvent s'il leur est permis de chercher
à aider les gens qu'elles voient affligés ou engagés dans des situations difficiles, craignant par là
de mettre obstacle à l'accomplissement d'un dé-
cret prononcé, dans sa justice absolue, par la

loi éternelle du Karma. Cet homme — disent-elles en effet — se trouve dans sa situation présente parce qu'il l'a mérité ; il recueille maintenant les conséquences parfaitement naturelles de quelque mauvaise action commise dans le passé ; de quel droit entraverais-je l'action de la grande loi cosmique, en essayant d'améliorer sa condition, soit sur le plan astral, soit sur le plan physique ?

Les braves gens qui entretiennent de pareilles idées font preuve — en réalité, bien qu'à leur insu — de l'aplomb le plus colossal, car leur attitude implique deux sous-entendus renversants : le premier, qu'ils connaissent exactement la nature du Karma de leurs semblables et la durée qu'il assigne à leur souffrance ; le second, qu'eux-mêmes, insectes éphémères, sont capables d'influencer la loi cosmique et d'empêcher, par telle ou telle action, les conséquences régulières du Karma. Soyons en bien assurés — les grandes divinités karmiques sont parfaitement capables de se tirer d'affaire sans nous. N'ayons aucune crainte ; quelles que soient nos démarches, jamais elles ne pourront leur causer la difficulté ni l'inquiétude la plus légère.

La nature de son karma empêche-t-elle un homme d'être aidé, — tous nos efforts et toute notre bonne volonté, déployés en sa faveur, échoueront. Néanmoins notre intention nous aura valu, personnellement, un bon karma. La nature du karma de cet homme ne nous concerne pas. Notre devoir est d'assister les autres de toutes nos forces. Nous n'avons droit qu'à l'action. Le résultat incombe à d'autres plus élevés que nous. Comment nous serait-il possible de savoir où en est le « compte » d'un homme ? Qui sait ? Peut-être vient-il d'épuiser son mauvais karma et se trouve-t-il au point précis où il lui faut une main secourable pour le soulager et le faire sortir de ses peines ou de son découragement. Pourquoi n'aurions-nous pas, aussi bien qu'un autre, le plaisir et le privilège de cette bonne action ? *Pouvons*-nous l'aider ? Le fait même indique qu'il le mérite. Impossible de le savoir sans avoir essayé. En tout cas, la loi karmique saura ne pas en souffrir ; inutile de nous en préoccuper.

Il est rare que l'assistance donnée à l'humanité lui vienne des esprits de la nature. La plupart de ces entités fuient le séjour de l'homme et se retirent à son approche : ses émanations, l'inquiétude et l'agitation perpétuelles qu'il crée autour de lui leur sont antipathiques. D'autre part — à l'exception de quelques-unes des catégories les plus élevées — elles sont, en général, fantasques et étourdies et ressemblent beaucoup

plus à des enfants prenant leurs ébats, dans des
conditions physiques extrêmement favorables,
qu'à des entités sérieuses et raisonnables. Il
arrive bien, parfois, qu'un de ces esprits éprouve
de l'attachement pour un homme et lui rende
maint service, mais, au point actuellement atteint
par son évolution, on ne peut compter sur ce
royaume de la nature pour prêter à un travail
d'assistance, invisible rien qui ressemble à un
concours régulier. Nous renvoyons le lecteur qui
désirerait plus de détails sur les esprits de la
nature au cinquième de nos manuels théosophiques (1)

Il peut arriver aussi que l'aide soit donnée par
les personnes récemment décédées — par celles
qui s'attardent sur l'astral et suivent de près les
affaires terrestres. C'est ce qui est arrivé — pro
bablement — dans le cas cité plus haut, où une
mère sauva ses enfants en les empêchant de tom·
ber dans un puits. Mais — on le comprendra —
ce genre d'assistance ne peut se donner que très
rarement. Plus une personne est dévouée aux
autres, plus elle leur est utile, et moins il est pro
bable de la rencontrer, après sa mort, s'attar-
dant, en y conservant sa pleine conscience, sur

(1) *Le Plan astral*, par C.-W. Leadbeater, Bailly, 10
rue Saint-Lazare.

les niveaux inférieurs du plan astral, où l'on est le plus facilement à portée de la terre. En tout cas, à moins qu'il ne s'agisse d'une personne exceptionnellement mauvaise, son séjour dans la seule région d'où il est possible d'intervenir sera relativement court et — bien que, du monde céleste, elle puisse encore répandre une influence bienfaisante sur ceux qu'elle a aimés sur la terre — cette influence aura plutôt le caractère d'une bénédiction générale que celui d'une force capable d'amener un résultat défini dans un cas spécial, comme ceux dont nous nous sommes occupé.

En outre, beaucoup de personnes décédées, désirant assister ceux qu'elles ont laissé derrière elles, se trouvent dans l'impossibilité de les influencer en rien, car, pour agir d'un plan donné sur une entité vivant sur un autre, il faut soit une très grande impressionnabilité chez cette entité — soit, chez l'opérateur, un certain degré d'expérience et d'adresse. Aussi — malgré la fréquence des apparitions de suite après la mort — il est rare de relever un cas où le défunt se soit vraiment rendu utile on ait réussi à faire comprendre son désir à l'ami ou au parent visité par lui. Évidemment il en existe des exemples — assez nombreux quand on vient à les réunir — mais ils sont rares relativement à la grande quantité de « revenants » qui ont réussi à se rendre visibles. Les morts ne donnent donc généralement que peu d'assistance. Bien plus — comme nous l'expliquerons tout à l'heure — il est beaucoup plus fréquent, pour eux, d'avoir besoin de secours que d'être aptes à en prêter aux autres.

Aussi, pour le moment, le travail à accomplir dans cet ordre d'idées incombe-t-il dans une très large mesure aux personnes « vivantes », capables de fonctionner consciemment sur le plan astral.

CHAPITRE V

LA RÉALITÉ DE L'EXISTENCE SUPERPHYSIQUE

Il semble difficile aux personnes qui ne sont familiarisées qu'avec les vues ordinaires et tant soit peu matérialistes du XIXᵉ siècle, de croire à l'existence d'un état de conscience parfait, indépendant du corps physique, et de s'en faire une idée bien nette. A coup sûr, tout chrétien est tenu de croire — c'est même le principe fondamental de sa religion — qu'il possède une âme. Mais, si vous lui suggérez que l'âme a peut-être une réalité suffisante pour devenir — dans certaines conditions — visible indépendamment du corps, soit pendant la vie, soit après la mort, il y a dix chances contre une pour qu'il vous réponde avec mépris qu'il ne croit pas aux revenants et qu'une idée pareille n'est qu'un anachronisme — un reste de superstitions du moyen-âge ayant fait leur temps.

Si donc nous voulons comprendre quelque chose au travail de la troupe des aides invisibles et peut-être apprendre nous-mêmes à y participer, il faut, dans cet ordre d'idées, rejeter les entraves des notions contemporaines et nous efforcer de saisir cette grande vérité — fait prouvé, maintenant, pour beaucoup d'entre nous — que le corps physique n'est réellement et simplement qu'un véhicule ou vêtement de l'homme proprement dit. Nous le quittons d'une manière définitive en mourant, mais nous le quittons aussi d'une manière temporaire, chaque soir, en nous endormant. Si nous nous endormons, c'est même précisément parce que l'homme véritable, dans son véhicule astral, se glisse hors du corps physique.

Ce n'est là — je le répète — ni une simple hypothèse, ni une ingénieuse supposition. Il y a parmi nous beaucoup de personnes qui savent pratiquer — et pratiquent tous les jours de leur vie — en pleine conscience, cet acte de magie élémentaire : passer à volonté d'un plan sur l'autre. Ceci bien réalisé, le lecteur comprendra combien doit leur paraître grotesque et absurde la thèse habituelle, où la réflexion n'entre pour rien, que pareille chose est complètement im-

possible. Autant dire à une personne qu'il lui est
impossible de s'endormir et que — si elle s'ima-
gine l'avoir jamais fait — c'est qu'elle a été vic
time d'une hallucination.

Si un homme qui n'a pas encore développé le
lien entre les consciences astrale et physique ne
peut quitter à volonté son corps le plus dense,
ni garder un souvenir bien complet de ce qui lui
est arrivé au loin, il n'en est pas moins vrai qu'il
le quitte chaque fois qu'il s'endort et peut être
aperçu par une personne clairvoyante et expéri-
mentée quelconque, planant au-dessus de son
corps ou, suivant le cas, s'en écartant à une dis
tance plus ou moins considérable.

Une personne de développement nul flotte généralement au dessus du corps physique ; c'est à
peine si elle est moins endormie que lui ; sa
forme est relativement vague et à peine esquissée ;
en outre, elle ne peut être entraînée à plus d'une
courte distance de ce corps physique, sans lui
faire éprouver des sensations pénibles qui, de
fait, provoquent le réveil. Mais, à mesure que
son évolution progresse, l'homme acquiert un
corps astral de plus en plus distinct et conscient
et, par suite, un véhicule plus en rapport avec
ses besoins. Chez la plupart des personnes intel-
ligentes et cultivées, le degré de conscience est
déjà très marqué. Quant à l'homme d'un déve-

loppement spirituel même peu avancé, il est, dans ce véhicule, aussi pleinement lui-même que dans son corps plus dense.

S'il peut, durant le sommeil, être parfaitement conscient sur le plan astral et y circuler librement et à volonté, il ne s'ensuit pas cependant qu'il soit prêt à grossir les rangs des aides. L'homme de cette catégorie est, en général, tellement plongé dans ses propres pensées — la suite, habituellement, des pensées de l'état de veille — qu'il ressemble à une personne abîmée dans ses réflexions, trop absorbée pour faire aucune attention à ce qui se passe autour d'elle. A beaucoup d'égards, il est bon qu'il en soit ainsi, car il y a sur le plan astral bien des choses capables d'énerver et de terrifier un homme à qui manquerait le courage né d'une familiarité complète avec la nature réelle de tout ce qu'on y voit.

Il peut arriver qu'un homme sorte graduellement de cet état et que ses yeux s'ouvrent, pour ainsi dire, au milieu astral, mais, le plus souvent, il reste dans cette situation jusqu'à ce qu'une personne, active déjà sur ce plan, se charge de lui et le réveille. Ce n'est pas là, pourtant, une responsabilité à prendre à la légère, car, s'il est relativement facile d'éveiller un homme sur le plan astral, il est presque impossible de le rendormir — à moins de recourir à des moyens

mesmériques fort peu recommandables. Avant
de vouloir tirer ainsi une personne de ses rêves,
un membre de la troupe des aides doit donc s'assurer pleinement que ses dispositions soient
telles qu'elle fasse un bon usage des facultés
nouvelles mises à sa portée et — de plus — que
ses connaissances et son courage soient suffisants
pour que son réveil n'ait vraisemblablement pas
pour elle de conséquences fâcheuses.

Ainsi réveillé, un homme sera mis à même de
se joindre, s'il le désire, à ceux qui aident l'humanité. Mais — il faut bien le comprendre —
ceci n'implique pas nécessairement, ni même
généralement, la faculté de se rappeler, au retour
à l'état de veille, rien de ce qui a été fait. Cette
faculté, l'homme doit la développer par lui-
même. Elle ne se manifeste, le plus souvent, que
bien des années après ; — peut-être même ne
sera-ce pas dans la même vie. Ce défaut de mémoire dans le corps physique ne nuit heureusement en rien au travail fait hors du corps ; aussi
— à part la satisfaction qu'on peut éprouver à
connaître, pendant l'état de veille, le travail fait
pendant le sommeil — n'a-t-il aucune importance. Le point capital, c'est d'accomplir la tâche
— ce n'est pas de se rappeler le nom des ouvriers.

CHAPITRE VI

UNE INTERVENTION EN TEMPS UTILE

Le travail astral est varié, mais son grand et unique but est toujours de seconder — même dans la plus humble mesure — la marche évolutive. Quelquefois il est consacré au développement des règnes inférieurs susceptibles, dans des conditions données, d'une légère accélération. Les adeptes qui nous dirigent reconnaissent nettement l'existence de devoirs envers ces royaumes inférieurs — élémental aussi bien qu'animal et végétal — puisque, dans certains cas, leur progrès n'est possible que s'ils sont en rapport avec l'homme ou employés par lui.

Mais, naturellement, la plus grande et la plus importante partie de la tâche est consacrée, de diverses façons, à l'humanité. Les services qui lui sont rendus sont nombreux et variés, mais la

plupart ont pour objet le développement spirituel de l'homme — les interventions physiques
mentionnées dans les premières pages de ce livre
étant excessivement rares. Elles ont pourtant
lieu quelquefois et — malgré mon désir d'insister sur la possibilité d'aider mentalement et mo-
ralement nos semblables — il sera peut-être bon
de citer deux ou trois cas où des amis, que je
connais personnellement, ont prêté physiquement secours à des personnes qui en avaient un
besoin extrême ; ils montreront comment ces
expériences faites par nos aides concordent avec
les récits des personnes secourues d'une manière
supernormale — j'entends avec ces histoires
qu'on trouve dans la littérature des faits sur-
naturels ».

Pendant la dernière révolte du Matabeleland,
l'un de nos membres reçut une mission de grâce
qui peut servir à montrer comment l'assistance
a été parfois prêtée sur ce plan inférieur. Une
nuit, paraît-il, un fermier et sa famille, habitant
ce pays, dormaient tranquillement, se croyant
en sûreté. Ils étaient loin de se douter qu'à peu
de milles de là, des hordes impitoyables d'enne-
mis sauvages étaient en embuscade et sur le
point de mettre en exécution un complot diabo-
lique de meurtre et de pillage. Notre camarade
avait pour instructions de faire comprendre,

d'une façon ou d'une autre, à la famille endormie, le danger terrible qui la menaçait d'une manière si imprévue. Ce ne fut pas facile — loin de là.

La tentative d'imprimer dans le cerveau du fermier l'idée d'un péril imminent échoua complètement et, l'urgence semblant exiger des mesures énergiques, notre amie résolut de se matérialiser suffisamment pour secouer la fermière par l'épaule et la supplier de se lever et de regarder autour d'elle. Dès qu'elle eut réussi à éveiller son attention, elle disparut, et jamais, depuis lors, la femme du fermier n'a pu découvrir quelle voisine l'avait réveillée si à propos, sauvant ainsi la vie à toute la famille qui, sans cette mystérieuse intervention, eût été certainement massacrée au lit une demi-heure plus tard. Elle ne peut, d'ailleurs, encore s'expliquer comment cette amie secourable a trouvé moyen d'entrer, toutes les fenêtres et toutes les portes étant si bien barricadées.

Ainsi brusquement réveillée, la fermière fut tentée de regarder l'avertissement comme un rêve. Elle se leva pourtant — simplement pour s'assurer que tout était dans l'ordre. Bien lui en prit car, à peine eut-elle ouvert un volet, qu'elle vit dans le ciel la rougeur d'un incendie lointain. Elle réveilla immédiatement son mari et le reste

de la famille et, ainsi prévenus à temps, ils réus-
sirent à gagner une cachette voisine, un instant
avant l'arrivée de la horde sauvage. Celle-ci détruisit bien la maison et ravagea les champs,
mais la proie humaine qu'elle s'attendait à trouver lui échappa. On comprendra les sentiments
éprouvés par le sauveteur, en lisant dans un
journal, quelque temps après, un récit du salut
providentiel de cette famille.

CHAPITRE VII

UNE HISTOIRE D' « ANGE »

Un autre cas d'intervention sur le plan physique s'est présenté récemment. On y trouverait la matière d'un bien joli récit, bien que, cette fois, une vie seulement ait été sauvée. Au nombre de nos aides — ici en Europe — s'en trouvent deux qui — jadis frères dans l'Égypte ancienne — sont, aujourd'hui encore, étroitement unis. Dans l'incarnation présente, il existe entre eux une différence d'âge considérable. L'un est d'âge mûr; l'autre n'est encore qu'un enfant, relativement au corps physique, tout en étant un ego déjà très avancé et promettant beaucoup. C'est naturellement à l'aîné qu'incombe la tâche de former et de diriger le plus jeune, dans le travail occulte qui leur tient tant à cœur et — comme ils sont l'un et l'autre entièrement conscients et actifs sur le plan astral — ils consacrent presque toutes les heures où leurs corps plus denses sont endormis à travailler ensemble, sous la direction de leur Maître commun, et à aider, autant qu'ils le peuvent, les vivants et les morts.

J'emprunte le récit de l'épisode, que je voudrais rapporter à une lettre écrite, immédiatement après, par un des deux aides; la description qu'elle en donne est plus saisissante et plus pittoresque que ne pourrait l'être aucune relation rédigée par un tiers.

« Nous allions nous occuper de tout autre chose quand Cyril s'écria subitement : Qu'est-ce que c'est que ça? — Car nous venions d'entendre un cri terrible — cri de douleur ou d'effroi. Un instant plus tard, nous arrivions, pour découvrir qu'un garçon, âgé d'onze à douze ans, était tombé du haut d'une falaise sur des rochers et s'était très grièvement blessé. Le pauvre petit s'était cassé un bras et une jambe; mais — ce qu'il y avait de pis — il s'était fait à la cuisse une terrible coupure d'où le sang coulait à flots. Cyril s'écria : Aidons-le vite ou il va mourir!

« Dans des accidents semblables, il faut réfléchir vite. Il y avait évidemment deux partis à prendre : arrêter le sang et nous procurer une assistance physique. Je devais soit matérialiser Cyril, soit me matérialiser moi-même, car nous avions immédiatement besoin de mains physiques pour serrer un bandage et, d'ailleurs, il semblait bon que, dans ses souffrances, le pauvre garçon pût *voir* quelqu'un près de lui. Je sentais bien qu'il serait beaucoup plus à l'aise avec Cyril qu'avec moi et, en même temps, que je serais sans doute plus à même que Cyril de trouver du secours. La division du travail était donc indiquée.

. « La combinaison réussit à merveille. Je matérialisai Cyril sur-le-champ — (il ne sait pas encore le faire seul) — et lui dis de prendre la cravate de l'enfant, de la passer autour de la cuisse et de la tordre au moyen d'un bâton. — Mais cela va lui faire un mal affreux! dit Cyril. — Il le *fit*, néanmoins, et le sang cessa de couler. Le blessé semblait à moitié évanoui et pouvait à peine parler, mais il leva les yeux vers la petite forme lumineuse qui se penchait anxieusement sur lui et demanda: Êtes-vous un ange, Monsieur?— Non, je ne suis qu'un garçon, mais je suis venu à votre secours. Laissant alors Cyril réconforter le blessé, je partis, bien vite, chercher la mère qui demeurait à environ un mille de là.

« Jamais vous ne saurez la peine que j'ai eue à faire entrer dans la tête de cette femme la conviction qu'il était arrivé quelque chose et qu'il fallait aller voir ce que c'était. Enfin elle laissa

tomber la casserole qu'elle nettoyait et dit à haute
voix : Je ne sais pas ce que j'ai, mais il faut que
j'aille trouver mon garçon ! — Une fois partie, je
pus la diriger sans trop de peine, ne cessant
pourtant d'assurer par la force de la volonté la
cohésion de Cyril, de peur que l'ange du pauvre
petit ne disparût subitement à ses yeux.

« Il faut vous dire qu'en matérialisant un corps
on fait passer la matière de son état naturel à un
autre, ou entraver, pour ainsi dire, momentanément, la volonté cosmique. Une demi seconde de
distraction et la matière retourne avec la rapidité
de l'éclair à son état primitif. Je ne pouvais donc
accorder à cette femme qu'une attention par-
tielle. Je trouvai pourtant moyen de la faire
avancer et, au moment où elle tourna le coin de
la falaise, je laissai Cyril disparaître.

« L'accident était arrivé de grand matin, et le
soir j'allai (astralement) visiter la famille pour
voir comment on se portait. Le bras et la jambe
du pauvre garçon avaient été remis, et la coupure
pansée. Il était dans son lit, très pâle et très
faible, mais évidemment en voie de guérison. La
mère avait auprès d'elle deux voisines et leur
racontait l'histoire — un curieux récit vraiment
pour une personne au courant des faits.

« Elle expliqua — en propres termes — que
tout à coup, sans pouvoir dire quoi, elle avait

senti comme ça en elle quelque chose lui disant
qu'il était arrivé malheur à son garçon et qu'il
falloit aller à sa recherche. Elle avait d'abord
cru que c'était des bêtises et essayé de se débar-
rasser de cette idée, mais ça n'avait servi à rien
— il avait fallu partir. Elle raconta comment,
sans savoir pourquoi, elle avait pris par cette
falaise-là plutôt que par un autre chemin — mais
que c'était comme ça et puis, en tournant le coin,
elle avait aperçu là le petit, appuyé contre un
rocher, ayant à genoux près de lui le plus bel
enfant qu'elle eût jamais vu, tout habillé de blanc
et tout brillant, avec des joues roses et des si
jolis yeux bruns! Il lui avait souri d'un sourire
céleste et puis, tout à coup, il avait disparu, la
laissant si surprise tout d'abord qu'elle ne savait
que penser. Mais alors, subitement, elle avait
compris et s'était mise à genoux pour remercier
Dieu d'avoir envoyé un de ses anges au secours
de son pauvre enfant.

« En soulevant l'enfant pour le porter à la
maison — raconta-t-elle ensuite — elle avait
voulu lui enlever le mouchoir qui lui entrait si
fort dans la jambe, mais il s'y était opposé, disant
que l'ange avait fait le nœud en disant de ne pas
y toucher — et en racontant cela plus tard au mé-
decin il lui avait expliqué que, si elle avait défait
le nœud, son garçon serait certainement mort.

« Elle rapporta ensuite le récit de l'enfant. De suite après sa chute le beau petit ange était venu à lui. C'était un ange, pour sûr, car il savait qu'étant au haut de la falaise un moment auparavant il n'avait vu personne à un mille à la ronde ; seulement il ne pouvait pas comprendre pourquoi l'ange n'avait pas d'ailes et pourquoi il disait n'être qu'un garçon. L'ange l'avait adossé contre un rocher et lui avait bandé la jambe, puis lui avait parlé — lui disant de ne pas avoir peur car on était parti chercher sa mère qui allait arriver. L'ange l'avait embrassé et tout fait pour bien l'installer — lui tenant tout le temps la main dans sa propre petite main douce et chaude et lui racontant d'étranges et belles histoires dont il ne se souvenait plus très bien mais qui devaient être bien intéressantes, car il avait presque oublié ses blessures quand il vit arriver sa mère. A ce moment l'ange lui avait assuré qu'il serait vite guéri et, après lui avoir serré la main, il avait disparu.

« Depuis lors un véritable réveil religieux s'est manifesté dans le village ! Leur pasteur leur a dit qu'une intervention aussi remarquable de la divine Providence était un signe, voulu par Elle, destiné à faire taire les moqueurs et à prouver la vérité de l'Écriture sainte et de la religion chrétienne — personne d'ailleurs ne semblant comprendre la présomption colossale impliquée par cette étonnante affirmation.

· « Mais l'effet produit sur l'enfant a été incontestablement bon — au moral comme au physique. On s'accorde à dire qu'il était auparavant un gamin assez étourdi — mais maintenant, sentant toujours que son « ange » peut être près de lui, il a peur d'être vu ou entendu et ne fait ou ne dit jamais rien de violent, de grossier ou d'emporté. Son grand et unique désir est de revoir un jour son ange, et il sait qu'à l'heure de la mort son charmant visage sera le premier à l'accueillir de l'autre côté. »

Une belle et touchante petite histoire — assurément. La morale tirée de l'événement, par le village et son pasteur, est peut-être une conclusion illogique — du moins le témoignage rendu à l'existence, même vague, d'un Au-delà par rapport à ce plan matériel fera-t-il sûrement plus de bien que de mal. Après tout, la mère a tiré de ce qu'elle a vu une conclusion parfaitement exacte — bien qu'avec un peu plus d'expérience elle se serait probablement exprimée différemment.

Un fait intéressant révélé à l'auteur de cette lettre par des recherches ultérieures, jette une lumière curieuse sur les causes latentes d'incidents semblables. Les recherches ont démontré que les deux enfants s'étaient déjà rencontrés et que — il y a plusieurs milliers d'années — l'enfant tombé de la falaise avait été esclave de l'autre et avait un jour, en risquant sa propre vie, sauvé celle de son jeune maître. Cet acte lui avait valu l'affranchissement. Et voilà qu'aujourd'hui — bien longtemps après — le maître non seulement rend la pareille à son ancien esclave, mais encore lui inspire, avec un idéal élevé, des raisons pour mener une vie morale qui, probablement, donneront à son évolution future une orientation toute nouvelle. Tant il est vrai que le Karma, malgré la lenteur apparente de sa marche, ne laisse jamais sans récompense aucune bonne action et que :

Si les meules de Dieu sont lentes — le grain est pourtant moulu très fin ; — S'Il attend avec patience — avec exactitude tout est moulu (1).

---

(1) *Longfellow*, (N.D.T.).

CHAPITRE VIII

UNE HISTOIRE D'INCENDIE

Une autre expérience du même jeune Cyril est presque exactement semblable à certains des récits, déjà publiés, cites au commencement de cet ouvrage. Cyril et son ami plus âgé s'en allaient, une nuit, au cours de leur travail ordinaire, quand, apercevant au-dessous d'eux la lueur intense d'un incendie considérable, ils se hâtèrent de descendre pour voir s'ils pouvaient se rendre utiles. C'était un grand hôtel qui brûlait — un énorme caravansérail au bord d'un vaste lac. L'édifice, qui comprenait de nombreux étages, entourait une sorte de jardin et formait trois des côtés d'un rectangle dont le lac formait le quatrième. Les deux ailes allaient jusqu'au lac — les larges baies qui les terminaient surplombant presque l'eau, de manière à ne laisser de chaque côté qu'un passage fort étroit.

La façade et les ailes étaient construites autour de puits intérieurs qui contenaient les cages en bois des ascenseurs. Dès le début l'incendie se propagea donc avec une rapidité presque incroyable et, avant le moment où nos amis l'aperçurent au cours de leur voyage astral, tous les étages situés à mi-hauteur de chacun des trois grands bâtiments étaient en flammes. Les habitants, à l'exception d'un petit garçon — avaient heureusement été sauvés — bien que plusieurs eussent reçu de très graves brûlures et d'autres blessures.

L'enfant avait été oublié dans une des chambres supérieures de l'aile gauche; ses parents étaient au bal et ne se doutaient pas de l'incendie et — assez naturellement — personne ne pensa au petit garçon avant qu'il ne fût beaucoup trop tard. Le feu avait pris un tel développement dans les étages situés à mi-hauteur de cette aile qu'il n'y aurait rien eu à faire, même si l'on avait pensé à l'enfant, sa chambre donnant sur le jardin intérieur dont j'ai parlé. Aucun secours extérieur ne pouvait donc plus l'atteindre En outre, il ne se doutait même pas du danger, car la fumée épaisse et suffocante avait si graduellement envahi la chambre que son sommeil, devenant de plus en plus profond, s'était presque changé en léthargie.

Il fut trouvé dans cet état par Cyril, qui semble spécialement attiré par les enfants ayant besoin d'aide ou menacés par un danger. Cyril essaya d'abord — mais en vain — de rappeler aux habitants de l'hôtel l'existence de l'enfant. D'ailleurs il semblait à peine possible qu'ils fussent parvenus à le secourir, et il devint bientôt évident que c'était là du temps perdu: Le plus âgé des deux aides matérialisa donc Cyril — comme il l'avait déjà fait — et lui dit de réveiller et de rappeler à lui l'enfant déjà presque inconscient. Cyril y parvint, jusqu'à un certain point, non sans peine, mais l'enfant, pendant tout ce qui suivit, resta dans un état partiel d'étourdissement et d'inconscience, si bien qu'il fallut le pousser et le tirer, le guider et l'aider à chaque changement de direction.

Les deux garçons, se traînant sur les mains, passèrent de la chambre dans le corridor qui parcourait toute l'aile. Là, voyant que la fumée et les flammes, commençant à traverser le plancher, rendaient le passage impossible pour un corps physique, Cyril ramena l'autre enfant dans la chambre, le fit sortir par la fenêtre et le plaça sur un rebord en pierre qui régnait tout le long du bâtiment immédiatement au dessous des fenêtres.

Sur ce rebord il parvint à guider son compagnon ; lui-même était à la fois appuyé sur ce
rebord et flottant sur le vide, mais restait toujours en dehors de l'autre enfant, pour lui éviter
le vertige et la peur de tomber.

Presque au bout du bâtiment le plus rapproché
du lac — direction où l'incendie semblait le
moins avancé — ils rentrèrent, en escaladant une
fenêtre ouverte, et se retrouvèrent dans le corridor. Ils espéraient trouver, à cette extrémité,
l'escalier encore praticable, mais il était trop
envahi par les flammes et par la fumée. Ils revin-
rent donc en arrière, en rampant le long du corridor — Cyril conseillant à son compagnon de
garder la bouche près du plancher. Ils attei-
gnirent ainsi la cage à claire-voie de l'ascenseur
occupant le grand puits placé au centre du bâtiment.

L'ascenseur, naturellement, était en bas, mais
ils parvinrent à descendre par le treillis intérieur
de la cage jusqu'à ce qu'ils se trouvassent sur le
toit de l'ascenseur lui-même. Là ils se virent
bloqués, mais Cyril découvrit heureusement une
porte donnant, de la cage de l'ascenseur, dans
une sorte d'entresol situé juste au-dessus du rez-
de-chaussée. Par cette issue ils gagnèrent le corridor — le petit garçon étant à moitié asphyxié
— puis ils traversèrent une des chambres en face

et finalement, sortant par la fenêtre, se trouvèrent sur le haut de la véranda qui régnait d'un
bout à l'autre du rez-de-chaussée, le séparant du
jardin.

De là, il était assez facile de descendre, en se
laissant glisser le long d'un des piliers, et d'atteindre le jardin. Mais, ici même, la chaleur était
intense et le danger y eût été extrême quand les
murs seraient tombés. Cyril tenta donc de con-
duire son protégé au bout d'une des ailes, mais,
sur ces deux points, les flammes avaient fait irruption, et ces passages étroits, que surplombait
le bâtiment, étaient complètement impraticables.
Enfin, ils se réfugièrent dans un des canots
amarrés à des marches descendant d'une sorte
de quai, situé au bout du jardin, jusque dans
l'eau, et, détachant l'embarcation, s'éloignèrent
du rivage en ramant.

Cyril aurait voulu gagner à l'aviron l'autre
côté de l'aile en flammes et y faire débarquer
l'enfant qu'il avait sauvé ; mais, à peine étaient-
ils partis, qu'ils furent rencontrés par un bateau
à vapeur faisant le service du lac et aperçus, car
la lueur de l'hôtel incendié illuminait toute cette
scène, et chaque objet se voyait comme en plein
jour. Le bateau à vapeur accosta le canot pour
prendre à bord les enfants, mais l'équipage, au
lieu des deux garçons qu'on avait vus, n'en trouva

plus qu'un. L'ami plus âgé s'était hâté de faire reprendre à Cyril sa forme astrale, en dissipant la matière plus dense qui lui avait momentanément servi de corps physique. Cyril était donc de nouveau invisible.

On fit naturellement des recherches, mais sans trouver trace du deuxième enfant. On en conclut qu'il était tombé à l'eau et s'était noyé, au moment où le canot était accosté. L'enfant qui avait été recueilli s'évanouit dès qu'il fut à bord et en sûreté; on ne parvint donc à obtenir de lui aucune explication et, en reprenant connaissance, il ne put dire qu'une chose, c'est qu'il avait vu l'autre garçon au moment où le vapeur approchait et qu'il ne savait rien de plus.

Le bateau à vapeur avait pour destination une localité située plus loin au bord du lac, mais à deux jours de route; aussi se passa t-il une semaine environ avant que l'enfant recueilli pût être rendu à ses parents qui, bien entendu, supposaient qu'il avait péri dans les flammes. On tenta de leur suggérer mentalement que leur fils était sauvé, mais ce fut impossible. Le lecteur peut donc se figurer avec quelle joie ils le retrouvèrent.

L'enfant est aujourd'hui heureux et en bonne santé et ne se lasse pas de raconter sa merveilleuse aventure. Il a bien souvent regretté la mort mystérieuse de son bon ami, survenue au moment même où tout danger semblait passé. A vrai dire, il a bien essayé d'insinuer que son ami n'avait peut-être *pas* péri — que c'était peut-être un prince de fées; mais, naturellement, cette idée ne provoque chez les personnes plus âgées que des sourires de supériorité indulgente. Le lien karmique unissant l'enfant à son sauveteur n'a pas encore été trouvé, mais il en existe certainement un quelque part.

CHAPITRE IX

MATÉRIALISATION ET RÉPERCUSSION

En présence de faits comme le précédent, l'étudiant demande souvent si l'aide invisible est parfaitement en sûreté au milieu de ces périls mortels — si, par exemple, cet enfant matérialisé pour en faire sortir un autre d'une maison en flammes ne courait pas, personnellement, un certain danger ; si son corps physique n'aurait aucunement souffert par répercussion au cas où sa forme matérialisée eût traversé les flammes ou fût tombée de la corniche escarpée dont il suivait si tranquillement le bord. Nous savons que dans bien des cas la forme matérialisée et le corps physique ont des rapports suffisamment étroits pour rendre possible la répercussion. N'aurait-il pu, dans ce cas, en être ainsi ?

La question de la répercussion est extrêmement abstruse et difficile, et nous sommes loin de
pouvoir encore expliquer entièrement ses très
remarquables phénomènes. A vrai dire, il faudrait probablement, pour s'en faire une idée
parfaite, comprendre les lois gouvernant, sur
plus d'un plan, les vibrations sympathiques.
Connaissant cependant, pour les avoir obser-
vées, certaines des conditions permettant à la
répercussion de se produire et certaines autres
s'y opposant nettement, nous croyons pouvoir
dire que, dans ce cas, elle était absolument
impossible.

Pour en saisir la raison, rappelons-nous d'abord
qu'il existe au moins trois genres bien distincts
de matérialisation ; toute personne ayant une
certaine expérience du spiritisme est fixée sur ce
point. Je n'ai pas, en ce moment, à entrer dans
aucune explication concernant la manière dont
se produit chacun de ces trois genres de matérialisation. Je me borne à dire que leur existence
est un fait indubitable.

1° Il y a d'abord [la matérialisation qui, bien
que tangible, n'est pas visible pour la vue physique normale. De ce genre sont les mains invisibles qui, si souvent, vous serrent le bras ou
vous caressent le visage pendant une *séance*,
— qui parfois portent à travers l'espace des

objets physiques ou frappent des coups sur une table — ces derniers phénomènes pouvant d'ailleurs se produire facilement, sans aucune main physique.

2° Vient ensuite la matérialisation qui, bien que visible, n'est pas tangible — forme-esprit à travers laquelle la main passe comme s'il n'y avait que de l'air. Dans certains cas, ce genre de phénomène a un caractère vaporeux et impalpable dont on se rend compte à première vue. Dans d'autres, son apparence est entièrement normale, si bien que sa solidité ne fait aucun doute, jusqu'au moment où l'on tente de le saisir.

3° Il y a enfin la matérialisation parfaite, à la fois visible et tangible, qui, non seulement offre la ressemblance extérieure de votre ami défunt, mais encore vous serre cordialement la main, avec l'étreinte que vous connaissez si bien.

Or, si les exemples ne manquent pas pour prouver que la répercussion a lieu, dans certaines conditions, dans le cas des matérialisations du troisième genre, il est beaucoup moins certain qu'elle se produise dans celui des matérialisations des premier ou deuxième. Dans le cas de notre jeune aide, il est probable que la matérialisation ne se rattache pas au troisième genre, car il est de règle d'éviter, avec le plus grand soin, une dépense de force dépassant la quantité strictement nécessaire pour produire les formes partielles qui constituent les première et deuxième classes. Il est probable que le bras qui tenait l'enfant était seul solide et tangible et que le reste du corps, d'apparence pourtant très naturelle, aurait été, à l'épreuve, reconnu beaucoup moins palpable.

Mais, outre cette probabilité, un autre point est à considérer. Une matérialisation complète, qu'il s'agisse d'un sujet vivant ou mort, a pour condition une certaine accumulation de matière physique. Dans les séances spirites, cette matière est obtenue, en grande partie, aux dépens du double éthérique du médium, quelquefois même aux dépens de son corps physique ; certaines observations ont, en effet, démontré que son poids avait très considérablement diminué pendant les manifestations en question.

Si les entités dirigeant la *séance* emploient cette méthode, c'est simplement parce que la manière la plus facile, de beaucoup, d'obtenir la matérialisation est de disposer d'un médium. Il en résulte le rapport le plus étroit entre le médium et le corps matérialisé, et le phénomène, si imparfaitement compris, que nous appelons répercussion se produit sous sa forme la plus marquée. Si, par exemple, on enduit de craie les mains du corps matérialisé, cette craie se retrouvera sur les mains du médium, même s'il a été constamment et soigneusement enfermé dans un cabinet, les conditions de l'expérience écartant absolument tout soupçon de fraude. Une blessure quelconque est-elle faite à la forme matérialisée, cette blessure se reproduira, chez le médium, sur la partie correspondante de son corps. Quelquefois des aliments pris par la forme-esprit se trouveront avoir passé dans le corps du médium ; j'ai eu, du moins, personnellement l'occasion d'observer ce fait.

Rien de semblable n'aurait eu lieu dans le cas que nous avons rapporté. Cyril était à des milliers de milles de son corps physique endormi ; il eût donc été tout à fait impossible à son ami d'emprunter à ce corps de la matière éthérique. D'ailleurs les règles auxquelles sont soumis tous les élèves des grands Maîtres de la Sagesse, dans leur œuvre d'assistance, l'eussent certainement empêché de soumettre le corps d'une autre personne, même dans la plus louable des intentions, à une semblable épreuve. Ce procédé ne serait d'ailleurs aucunement indispensable. La méthode infiniment moins dangereuse, toujours employée par les aides quand ils jugent la matérialisation utile, est à leur disposition — celle de condenser, en l'empruntant à l'éther ambiant ou même à l'air physique, la quantité de matière nécessaire. Cette opération, dont les entités qui se manifestent dans les *séances* sont en général incapables, n'offre pas de difficultés pour un étudiant de la chimie occulte.

Mais remarquez la différence des résultats. Dans le cas du médium, nous avons une forme matérialisée, en rapport aussi étroit que possible avec le corps physique, constituée de sa substance même et, par suite, capable de déterminer tous les phénomènes de la répercussion. Dans le cas de l'aide, nous avons bien une reproduction exacte du corps physique, mais elle est formée, par un effort mental, d'une matière entièrement étrangère au corps et n'est pas plus capable de réagir sur lui par répercussion qu'une simple statue en marbre représentant l'homme.

Voilà pourquoi le passage à travers les flammes ou la chute du haut d'une corniche élevée n'auraient pas eu de terreurs pour le jeune aide et que — dans une autre circonstance — un membre de la troupe, bien que matérialisé, put, sans inconvénient pour le corps physique, s'enfoncer sous les eaux avec un navire qui sombrait. (Voyez page 80.)

Dans les deux circonstances rapportées plus haut, on aura remarqué que, le jeune Cyril ne pouvant se matérialiser, cette opération devait être faite, pour lui, par un ami plus âgé. Une autre de ses expériences mérite d'être rapportée car, dans cette occasion, il put, en éprouvant une vive pitié et par la force de la volonté, se rendre visible — cas analogue à celui, déjà rapporté, d'une mère qui, grâce à son amour, parvint à se manifester pour sauver la vie de ses enfants.

Le fait peut sembler inexplicable, mais l'existence, dans la nature, de cet extraordinaire pouvoir de la volonté sur la matière de tous les plans ne peut être mis en doute. La force est-elle assez grande — son action directe sera, de fait, illimitée — et cela sans que l'homme exerçant cette volonté connaisse la manière dont elle accomplit son œuvre — sans même qu'il y réfléchisse. Nous avons des preuves nombreuses que cette faculté joue un rôle dans les matérialisations — bien que, normalement, elle constitue un art qu'il faut apprendre, tout comme un autre. Assurément, le premier venu, se trouvant sur le plan astral, ne saurait pas plus se matérialiser sans avoir d'abord appris à le faire — que le premier venu ne peut, sur ce plan-ci, jouer du violon sans l'avoir préalablement appris ; mais il y a des exceptions, comme le montrera le récit suivant.

CHAPITRE X

LES DEUX FRÈRES

Ce récit a été publié par un auteur dont les dons dramatiques sont de beaucoup supérieurs aux miens et avec une abondance de détails qui ne peuvent trouver place ici — dans *The Theosophical Review* de novembre 1897, p. 229. Je renvoie le lecteur à cette relation, car mon récit ne sera qu'une esquisse, aussi brève que le permettra la clarté. Les noms donnés sont — bien entendu — fictifs, mais les incidents sont rapportés avec une scrupuleuse exactitude.

Dramatis personæ : deux frères, fils d'un gentleman habitant la campagne — Lancelot, âgé de quatorze ans, et Walter, âgé de onze ans — deux bons garçons, du type ordinaire, sains et énergiques, comme le sont bien d'autres dans ce beau royaume et ne semblant pas présenter la moindre disposition psychique—sauf le fait qu'ils avaient dans les veines beaucoup de sang celte. Ce qui les caractérisait le plus, c'était, peut-être, la profonde affection qui les unissait. Ils étaient tout simplement inséparables. Aucun ne consentait à faire un pas sans l'autre, et le plus jeune adorait son aîné comme peut seul le faire un cadet.

Un jour, hélas, Lancelot tomba de son poney et se tua — et dès lors, pour Walter, le monde sembla vide. La douleur de l'enfant était si vraie et si terrible qu'il ne pouvait ni manger ni dormir. Sa mère et sa bonne ne savaient plus que faire pour lui. Il paraissait aussi sourd à la persuasion qu'au blâme. Lui disait-on que son chagrin était coupable et que son frère était au ciel, il se bornait à répondre qu'on n'en était pas sûr et que — même si c'était vrai — il savait que Lancelot ne pouvait pas plus être heureux au ciel sans lui, que lui, sur la terre, sans Lancelot.

Le fait peut sembler incroyable, mais le pauvre enfant mourait littéralement de chagrin. Or, ce qui rendait le fait plus touchant encore, c'est qu'à l'insu de Walter, son frère était constamment auprès de lui, pleinement conscient de sa douleur et, lui-même, presque affolé de ne pouvoir, malgré ses efforts renouvelés, toucher Walter ou lui parler.

Cette situation lamentable durait encore, le troisième soir après l'accident, quand l'attention de Cyril fut attirée par les deux frères — sans qu'il pût dire comment.

« Il s'est trouvé que je passais par là », dit-il ; mais c'est sûrement la volonté des Maîtres de Compassion qui lui servit de guide.

Le pauvre Walter était couché — épuisé, mais sans sommeil — seul avec son désespoir, lui semblait-il, bien que son frère affligé se tînt constamment près de lui. Lancelot, délivré des entraves de la chair, pouvait voir et entendre Cyril. Il fallait donc, naturellement, commencer par lui offrir amicalement, le moyen de communiquer avec son frère.

Dès qu'il eut réconforté par l'espoir l'enfant décédé, Cyril se tourna vers l'enfant vivant et essaya, de toutes ses forces, d'imprimer dans son cerveau l'idée que son frère était présent — non pas mort, mais, comme autrefois, plein de vie et d'affection. Tous ses efforts furent inutiles. La lourde apathie du chagrin dominait tellement l'esprit du pauvre Walter qu'il restait fermé à toute suggestion, et Cyril ne savait plus que faire. Pourtant, il éprouvait en présence de ce triste spectacle une si profonde émotion, une si vive sympathie ; il était si fermement résolu à se rendre utile, d'une manière ou d'une autre, en

dépensant pour cela toute la force nécessaire,
qu'il trouva moyen — sans pouvoir, même aujour-
d'hui, dire comment — de toucher l'enfant désolé
et de lui adresser la parole.

Sans s'arrêter aux questions de Walter, lui demandant qui il était et comment il était venu,
il alla droit au point, lui disant que son frère
était là, près de lui, et s'efforçant de lui faire
comprendre, par ses assurances réitérées, que
Lancelot n'était pas mort, mais vivant et désirait
ardemment pouvoir l'aider et le consoler. Le
petit Walter aurait bien voulu croire, mais osait
à peine espérer. Enfin l'ardeur et l'insistance de
Cyril vainquirent ses doutes.

« Oh — dit-il — je vous crois, car vous êtes si
bon! Mais si seulement je pouvais le voir — je
pourrais *savoir* — je serais tout à fait sûr! Si seulement j'entendais sa voix, me disant qu'il est
heureux, cela ne me ferait rien si, ensuite, il me
quittait de nouveau. »

Malgré son expérience encore limitée, Cyril
en savait assez pour ne pas ignorer qu'un vœu
semblable est rarement accordé. Il commençait
— bien à regret — à le dire à Walter, quand subitement il sentit une présence que tous les aides
connaissent et — bien qu'aucun mot ne fût prononcé — il reçut mentalement l'injonction de ne
pas dire à Walter ce qu'il se proposait de lui ré-

pondre, mais de lui promettre que la faveur que son cœur désirait lui serait accordée.

« Attendez mon retour, dit Cyril, et alors vous le verrez » — puis il disparut.

Ce contact du Maître avait suffi pour lui montrer ce qu'il fallait faire et la manière de s'y prendre; Cyril était parti, en toute hâte, pour chercher l'ami plus âgé qui l'avait déjà si souvent assisté. Cet homme plus âgé ne s'était pas encore retiré pour la nuit, mais, en recevant l'appel pressant de Cyril, il se hâta de le suivre. Quelques minutes plus tard, ils se trouvaient au chevet de Walter. Le pauvre enfant commençait à croire qu'il n'avait fait qu'un beau rêve. Son bonheur et son soulagement, quand il vit reparaître Cyril, furent touchants — mais le spectacle fut bien plus touchant encore, un instant plus tard, quand sur l'injonction du Maître l'homme plus âgé matérialisa l'impatient Lancelot et que le vivant et le mort se retrouvèrent de nouveau la main dans la main.

Pour les deux frères, la douleur s'était littéralement transformée en joie ineffable. Ils ne cessaient de déclarer que jamais plus ils ne seraient tristes — sachant maintenant que la mort ne pouvait les séparer. Leur joie ne se laissa pas assombrir — même quand Cyril leur eût soigneusement expliqué, sur le conseil de l'ami plus âgé,

que cette étrange réunion physique ne se renou-
vellerait pas — que, cependant, Lancelot serait
du matin au soir auprès de Walter, mais invisible
pour lui — et que, chaque nuit, Walter s'échap-
perait de son corps physique et serait de nouveau,
en pleine conscience, avec son frère.

En recevant cette assurance, le pauvre Walter,
épuisé, s'endormit immédiatement et en prouva
l'exactitude. Son étonnement fut extrême de voir
avec quelle rapidité, inconnue jusqu'ici, il pouvait avec son frère voler d'un point à un autre
des lieux qui leur étaient si familiers. Cyril eut
soin de le prévenir que le lendemain, au réveil,
il oublierait sans doute, en grande partie, cette
existence plus libre, mais — par un bonheur ex-
ceptionnel — Walter n'oublia pas, comme le font
beaucoup d'entre nous. Peut-être le saisissement
de sa grande joie avait-il déterminé un certain
réveil des facultés psychiques latentes qui carac-
térisent la race celtique. En tout cas, il n'oublia
aucun détail de ce qui s'était passé et, le lendemain matin, il surprit la maison en deuil par un
récit merveilleux, mais peu en rapport avec l'état
des esprits.

Ses parents crurent que le chagrin lui avait
tourné la tête et, comme il est maintenant l'héri-
tier, épièrent longtemps, avec anxiété, d'autres
symptômes d'aliénation qui, heureusement, ne se

présentèrent pas. Ils le croient encore atteint de monomanie — tout en reconnaissant pleinement que son « aberration » l'a sauvé. Cependant sa vieille bonne — elle est catholique — croit fermement le récit de Walter et dit que le Seigneur Jésus, qui a Lui-même été enfant, a eu pitié de cet autre enfant, le voyant ainsi couché et mourant de chagrin, et qu'il a envoyé un de ses anges pour ramener son frère auprès de lui, de l'autre monde, et récompenser un amour plus fort que la mort. La superstition populaire est parfois beaucoup plus près de la réalité que le scepticisme des gens bien élevés!

Le récit ne s'arrête pas là, car le bon travail dont cette nuit avait vu le commencement continue toujours, et nul ne saurait assigner de limites aux conséquences de l'acte en question. La conscience astrale de Walter, après ce dernier réveil complet, conserve son activité; chaque matin l'enfant apporte à son cerveau physique le souvenir de ses aventures nocturnes avec son frère ; chaque nuit tous deux rencontrent leur bon ami Cyril, dont ils ont appris tant de choses sur le nouveau et merveilleux monde qui s'est ouvert devant eux et sur les autres mondes à venir, supérieurs encore à celui-là. Dirigés par Cyril, l'enfant vivant et l'enfant mort sont devenus, l'un et l'autre, des membres zélés et sérieux de la troupe des aides, et il est probable que, pendant de longues années — tant que le jeune et vigoureux corps astral de Lancelot ne se sera pas désintégré —· bien des enfants mourants devront de la reconnaissance à ce trio qui s'efforce de faire partager à d'autres un peu de la joie qu'il a reçue lui-même.

Et ce n'est pas aux morts seuls que ces nouveaux convertis ont rendu service ; ils ont cherché et trouvé d'autres enfants vivants, possédant pendant leur sommeil la conscience astrale. L'un de ces enfants, tout au moins, amenés par eux à Cyril, s'est déjà montré une précieuse petite recrue pour la jeune troupe et en même temps, ici-bas, un excellent petit ami sur le plan physique.

Les personnes pour qui toutes ces idées sont nouvelles ont parfois beaucoup de peine à comprendre comment des enfants peuvent rendre des services sur le plan astral. Étant donné — objectent-elles, que le corps astral d'un enfant doit être non développé et que l'ego doit par là se trouver limité par l'état d'enfance, sur le plan astral comme sur le plan physique — comment un ego semblable pourrait-il rendre des services ou seconder l'évolution spirituelle, mentale et morale de l'humanité — tâche principale, nous a-t-on dit, des aides?

La première fois qu'une semblable question fut posée — peu après la publication, dans notre revue, d'un de ces récits — je l'envoyai à Cyril lui-même, désirant savoir ce qu'il en penserait. Sa réponse fut la suivante :

« Il est très vrai, comme le dit l'auteur de la question, que je ne suis qu'un enfant, que je sais encore très peu de choses et que je rendrai beaucoup plus de services qu'en j'en saurai davantage. Pourtant, dès aujourd'hui, il m'est possible de travailler un peu, parce qu'il y a tant de gens qui n'ont encore rien appris de la Théosophie, tout en étant beaucoup plus instruits que moi sur tout le reste. Vous comprenez — quand vous voulez vous rendre à un endroit déterminé — qu'un petit garçon qui connaît le chemin vous sera plus utile que cent savants qui l'ignorent. »

Nous pouvons ajouter que, même pour un enfant, le réveil sur le plan astral amènerait un développement si rapide du corps astral qu'il deviendrait bientôt, sur ce plan, l'égal de l'adulte réveillé — tout en étant beaucoup plus capable, naturellement, de rendre des services que l'homme le plus savant, encore astralement endormi. Mais — à moins que l'ego qui s'exprime par ce corps-enfant ne possède les qualifications d'un caractère à la fois décidé et aimant, clairement manifestées déjà dans ses vies passées — au-

cun occultiste ne prendrait la très sérieuse responsabilité de le réveiller sur le plan astral.
Quand le karma des enfants est tel qu'il leur est
possible d'être ainsi réveillés, ils se montrent
souvent les aides les plus utiles et se consacrent
à leur travail avec un cœur et un dévouement
admirables. Et c'est ainsi que se trouve, de nouveau, réalisée l'ancienne prophétie :

« Un petit enfant les conduira. »

Une autre question se présente à l'esprit en
lisant l'histoire de ces deux frères. Cyril ayant
pu se matérialiser lui-même, à force d'amour,
de pitié et de volonté, n'est-il pas étrange que
Lancelot, qui essayait depuis bien plus longtemps de communiquer avec Walter, n'ait pas
réussi à faire de même ?

Il est, certes, facile de comprendre pourquoi
le pauvre Lancelot n'a pu communiquer avec son
frère ; cette impuissance est tout simplement
normale. Le fait que Cyril ait pu se matérialiser
lui-même *est* extraordinaire ; celui que Lancelot
en ait été incapable ne l'est *pas*. Cyril, d'ailleurs,
éprouvait sans doute des sentiments plus profonds; puis il savait exactement ce qu'il voulait
faire — connaissant la possibilité de se matérialiser et sachant à peu près comment on y par-
vient. Lancelot, au contaire, qui sait tout cela
maintenant, l'ignorait alors.

CHAPITRE XI

NAUFRAGES ET CATASTROPHES

Il est quelquefois possible aux membres de la troupe des Aides de prévenir des catastrophes imminentes et d'une certaine importance. Plus d'une fois, quand le capitaine d'un navire s'était, sans s'en douter, considérablement écarté de sa route et courait, par là, de grands dangers, il a été possible d'empêcher son naufrage, en lui suggérant mentalement et avec insistance que quelque chose allait mal. Cet avis se présente généralement à la conscience cérébrale du capitaine comme une simple intuition vaguement prémonitoire — mais, s'il l'éprouve avec persistance, il est à peu près certain d'en tenir compte et de prendre les mesures de précaution qui lui viennent à l'esprit.

Il est arrivé, par exemple, que le capitaine d'un petit bâtiment marchand, se trouvant beaucoup plus près de terre qu'il ne supposait et sollicité à plusieurs reprises de jeter la sonde, commença par résister à cette idée qui lui semblait inutile et absurde, mais finit, en hésitant, par en donner l'ordre. Stupéfait du résultat de ce sondage, il changea immédiatement de route et s'éloigna de la côte. Au matin seulement il comprit combien il avait été près d'un effroyable désastre.

Mais, souvent aussi, une catastrophe présente un caractère karmique et, par conséquent, ne peut être empêchée. Il ne faudrait pas supposer pour cela que, dans des cas semblables, l'assistance ne puisse pas s'exercer. En admettant que les personnes soient destinées à mourir et ne puissent, [pour cette raison, être sauvées, elles peuvent du moins, dans bien des cas, être préparées à leur sort et — certainement — aidées ensuite au delà de la mort. Nous irons même jusqu'à dire que, dans toutes les grandes catastrophes, des aides sont toujours et spécialement envoyés sur les lieux.

C'est ce qui s'est produit, il y a quelques années, dans deux circonstances : le naufrage du *Drummond Castle*, à hauteur de l'île d'Ouessant, et le terrible cyclone qui a dévasté la ville de

Saint-Louis, en Amérique. Dans l'un et l'autre cas, les victimes furent prévenues quelques minutes avant le sinistre, et les aides firent de leur mieux pour calmer et relever les esprits, afin que le malheur, en fondant sur elles, les,jetât dans un trouble moins grand. Mais naturellement le travail accompli parmi les victimes de ces deux catastrophes l'a été principalement sur le plan astral, quand elles eurent quitté leurs corps physiques, nous en parlerons plus loin.

Il est triste de constater combien souvent, dans les moments qui précèdent un sinistre, les aides voient leur tâche de charité entravée par la panique folle régnant parmi les personnes en danger, — quelquefois par pis encore, l'ivresse sauvage des hommes qu'ils s'efforcent de secourir. Bien des navires ont sombré, presque tous à bord étant plongés dans une ivresse furieuse et par conséquent incapables de profiter—aussi bien avant la mort que très longtemps après — de l'aide qui leur était offerte.

S'il arrivait jamais à l'un de nous de se trouver menacé par un danger imminent et impossible à éviter, il devrait essayer de se rappeler que le secours est certainement proche et qu'il dépend entièrement de lui-même de rendre la tâche des aides facile ou difficile. Si nous envisageons le danger calmement et bravement, reconnaissant

qu'il, ne peut affecter en rien le véritable ego,
nous serons mentalement à même de profiter de
la direction que les aides essayent de nous donner;
nous ne saurions guère en recevoir de plus sûre
— que son objet soit de nous sauver de la mort
ou, en cas d'impossibilité, de nous la faire traverser sous leur garde.

Ce dernier genre d'assistance a été assez souvent donné, dans des cas d'accidents, à des personnes isolées, comme dans des catastrophes plus
générales. Un exemple suffira pour nous expliquer.

Il arriva — pendant une des grandes tempêtes
qui ont causé tant de désastres sur nos côtes, il y
a quelques années — qu'un bateau de pêche cha-
vira en pleine mer. L'équipage ne comptait qu'un
vieux pêcheur plus un mousse, et le premier
parvint à se cramponner pendant quelques minutes au bateau renversé. Il n'y avait aucun secours matériel à espérer et, s'il y en avait eu,
rien n'aurait pu être tenté, par une tempête aussi
furieuse. Le pêcheur savait donc qu'il n'y avait
pas d'espoir et que la mort ne pouvait être pour
lui qu'une question de minutes. Il éprouvait à
cette pensée une grande terreur, étant particulièrement impressionné par la solitude saisissante
de cette immense étendue d'eau déserte. Et puis
il pensait, avec angoisse, à sa femme, à ses en-

fants et à la situation difficile où les mettrait sa disparition subite. Une aide qui passait — voyant sa situation — essaya de lui donner courage, mais, constatant qu'il avait l'esprit trop agité pour se prêter à aucune suggestion, elle jugea bon de se montrer pour rendre son assistance plus effective. En racontant ensuite l'incident, elle dit que la manière dont se transforma le visage du pêcheur, en l'apercevant, fut merveilleuse. Voyant au-dessus de lui cet être lumineux, debout sur la barque, il crut naturellement qu'un ange lui avait été envoyé pour lui donner courage dans sa détresse et sentit que, non seulement il serait porté et gardé, en passant les portes de la mort, — mais encore que les siens seraient certainement secourus. Aussi, quand survint la fin, quelques instants plus tard, il se trouvait dans un état d'esprit très différent de la terreur et des perplexités qui l'accablaient auparavant — et tout naturellement quand, reprenant ses sens sur le plan astral, il y retrouva « l'ange », il se sentit en confiance et prêt à accepter ses conseils dans l'existence nouvelle qui s'ouvrait pour lui.

Un peu plus tard cette même aide eut à s'acquitter d'une tâche analogue. Voici le récit qu'elle en a fait depuis :

« Vous vous souvenez de ce paquebot qui a péri dans le cyclone de la fin de novembre der-

nier. Je me rendis dans la cabine où avaient été
enfermées une douzaine de femmes et les trouvai
se lamentant de la façon la plus déchirante, sanglotant et gémissant de terreur. Le navire devait
sombrer, — aucun secours n'était possible, — et,
quitter ce monde dans cet état frénétique était la
pire manière de faire son entrée dans l'autre.
Pour les calmer je me matérialisai donc et, naturellement, les pauvres créatures me prirent pour
un ange. Toutes tombèrent à genoux et me sup-
plièrent de les sauver. Une pauvre mère mit son
bébé dans mes bras, m'implorant de sauver au
moins celui là. Nous nous mîmes à causer. Bientôt
elles furent calmes et tranquilles; le tout petit
s'endormit en souriant; les femmes ne tardèrent
pas à s'assoupir, elles aussi, et je remplis leur
esprit de pensées du monde céleste; elles ne se
réveillèrent donc pas, au dernier moment, quand
le navire s'enfonça. Je descendis avec elle, pour
m'assurer qu'elles traversaient en dormant l'instant suprême. Elles passèrent, en effet, sans faire
un mouvement, du sommeil à la mort. »

Voilà de nouveau un cas où les personnes assis-
tées avaient évidemment eu — et l'immense avan-
tage de pouvoir recevoir la mort d'une manière
calme et raisonnable — et celui, plus important
encore, d'être reçues sur l'autre rive par une amie
qu'elles étaient déjà disposées à aimer avec con-

fiancé, une amie connaissant parfaitement le monde nouveau où elles se trouvaient maintenant et à même, non seulement de les rassurer sur leur sort, mais encore de leur donner des conseils sur la manière de régler leur existence dans cette nouvelle situation si différente de la précédente. Ceci nous amène à considérer un des côtés les plus vastes et les plus importants du travail des aides invisibles — la direction et l'aide qu'ils peuvent donner aux morts.

CHAPITRE XII

LE TRAVAIL PARMI LES MORTS

Les enseignements absurdement erronés — habituels par malheur dans notre monde occidental — concernant les conditions de l'existence après la mort, ont bien des conséquences déplorables — entre autres, l'embarras et souvent la frayeur très vive éprouvés par les personnes récemment délivrées de cette enveloppe périssable, en découvrant que tout est si différent de ce que leur religion leur avait donné à prévoir.

Tout dernièrement, l'attitude mentale d'un grand nombre de ces personnes a été assez bien résumée par un général anglais, en rencontrant, trois jours après sa mort, un membre de la troupe des aides qu'il avait connu dans la vie physique. Après avoir exprimé tout son soulagement de trouver enfin un être avec lequel il pût

communiquer, ses premiers mots furent : « Mais
si je suis mort, où suis-je ? Car enfin — si c'est
ici le ciel, j'en ai une piètre opinion, et si c'est
l'enfer, c'est mieux que je ne m'y attendais ! »

Par malheur, la grande majorité des personnes
prennent les choses avec moins de philosophie.
Elles ont reçu pour enseignement que tous les
hommes sont destinés aux flammes éternelles,
sauf une élite favorisée, grâce à ses vertus
surhumaines. Or, comme un examen de conscience des plus sommaires suffit pour les convaincre qu'elles n'appartiennent *pas* à cette
catégorie, elles se trouvent trop souvent dans un
état de terreur panique — dans l'épouvante de
voir d'un moment à l'autre le monde nouveau
où elles se trouvent se dissoudre, pour les laisser
tomber entre les griffes d'un démon, dont on s'est
évertué à leur enseigner l'existence. Très souvent
elles passent par des souffrances mentales aiguës
et prolongées, avant d'arriver à secouer l'influence néfaste de cette doctrine blasphématoire
des peines éternelles — avant d'arriver à comprendre que le monde n'est pas gouverné par les
caprices d'un hideux démon qui se délecte dans
les angoisses humaines — mais bien par une
loi évolutive bienveillante et merveilleusement
patiente qui, tout en étant d'une équité parfaite,
offre sans cesse à l'homme, à chacune des étapes

de sa carrière, des occasions de progrès dont il est libre de profiter.

Il est juste de reconnaître que c'est seulement dans les communions dites protestantes que ce terrible mal sévit sous sa forme la plus grave. La grande Église catholique romaine, avec sa doctrine du purgatoire, se rapproche beaucoup plus d'une conception exacte du plan astral, et ses membres pratiquants, tout au moins, savent que l'état où ils se trouvent, immédiatement après la mort, est purement transitoire et qu'il ne tient qu'à eux d'en sortir rapidement par d'ardentes aspirations spirituelles. En même temps ils reconnaissent la nécessité de toutes les souffrances qu'ils peuvent avoir à subir, pour effacer leurs imperfections morales, avant que leur passage à des régions plus hautes et plus lumineuses ne soit possible.

On voit donc que les aides ont beaucoup à faire parmi les hommes récemment décédés, car presque toujours ils ont besoin d'être calmés et rassurés, réconfortés et instruits. Dans le monde astral, tout comme dans le monde physique, beaucoup de gens sont peu disposés à accepter les conseils de ceux qui en savent plus qu'eux. Pourtant l'étrangeté même de leur nouveau milieu porte souvent les personnes décédées à accepter la direction de celles qu'elles y voient à

leur aise, et plus d'un homme a vu son séjour sur ce
plan considérablement réduit, grâce aux efforts
de cette troupes d'aides sérieux et énergiques.

Bien entendu, le karma d'un mort ne se prête
à aucune intervention. L'homme s'est constitué,
de son vivant, un corps astral d'une certaine
densité et — tant que ce corps n'est pas suffisamment dissous — il ne saurait passer au delà
dans le monde céleste ; d'autre part, il peut ne
pas prolonger le temps nécessaire à cette disso-
lution par une attitude déplacée.

Tout étudiant devrait clairement saisir cette
vérité : que la durée de la vie astrale, après
l'abandon du corps physique, dépend de deux
facteurs principaux — la nature de sa vie physique passée et son état d'esprit après ce que
nous appelons la mort. Pendant sa vie terrestre,
l'homme agit constamment sur la matière entrant
dans la composition de son corps astral ; il l'af-
fecte indirectement — d'en haut par l'action de
ses pensées — d'en bas par son genre de vie
physique — par sa continence ou sa débauche,
sa propreté ou sa saleté, sa nourriture et sa
boisson. Si — persistant à cet égard dans sa
perversité — il a la folie de se constituer un
véhicule astral épais et grossier, uniquement
habitué à répondre aux vibrations inférieures du
plan astral, il s'y trouvera retenu, après la mort,

pendant la longue et lente désintégration de ce
corps. Par contre, si, en menant un genre de vie
convenable et réglé, il se constitue un véhicule
où domine une matière plus fine, il aura beaucoup moins d'ennuis et de troubles posthumes, et
verra son évolution marcher beaucoup plus vite
et plus facilement.

Ce qui précède — on le comprend généralement ; mais l'autre grand facteur — l'attitude
mentale après la mort — paraît souvent oublié.
L'important, pour l'homme, est de comprendre
sa position sur ce petit arc particulier de la
courbe évolutive — de savoir que, durant cette
période, il se retire d'une manière continue vers
le plan intérieur propre au véritable ego et que,
par conséquent, il lui appartient de dégager
autant que possible sa pensée des objets physiques, pour fixer de plus en plus son attention
sur ces questions spirituelles qui l'occuperont
pendant sa vie dans le monde céleste. Par là, il
facilitera beaucoup la désintégration naturelle du
corps astral et évitera la faute, tristement fré-
quente, de s'attarder sans nécessité sur les
niveaux inférieurs de ce qui devrait être pour
lui un séjour des plus passagers.

Or beaucoup de personnes décédées retardent
très considérablement la marche de la dissolu-
tion en se cramponnant, avec passion, à la terre

qu'elles viennent de quitter ; elles refusent, tout
simplement, d'élever leurs pensées et leurs
désirs, et persistent à lutter de toutes leurs forces
pour rester en contact direct avec le monde physique — rendant ainsi fort difficile la tâche de
qui veut les aider. Les questions terrestres étant
les seules qui aient jamais eu d'intérêt pour elles,
elles s'y cramponnent — même après la mort —
avec la ténacité du désespoir. Avec le temps, il
leur devient naturellement de plus en plus difficile de rester en contact avec les choses d'ici-
bas — mais, au lieu de voir arriver avec joie et
d'encourager ce processus d'affinement et de spi-
ritualisation graduels, elles lui résistent avec
énergie et par tous les moyens possibles.

Bien entendu, la force puissante de l évolution
finit par avoir raison d'elles et les emporte dans
son courant bienfaisant ; elles n'en luttent pas
moins, à chaque pas, avec le résultat — non seulement de s'attirer des souffrances et des chagrins
prolongés et complètement inutiles — mais
encore de retarder très sérieusement leur marche
ascendante et de prolonger leur séjour dans les
régions astrales pendant un temps presque indé-
fini. Les convaincre que cette opposition, igno-
rante et désastreuse, à la volonté cosmique est
contraire aux lois naturelles — les amener à
prendre une attitude mentale absolument in-

verse — telle est, en grande partie, la tâche de ceux qui s'efforcent de les aider.

Les aides peuvent faire beaucoup plus encore pour les personnes ayant étudié ces questions et appris, de leur vivant, à maîtriser la nature inférieure. Comme l'indique mon petit ouvrage intitulé *le Plan astral*, la matière du corps astral est toujours remaniée, de suite après la mort, et disposée par « coques » concentriques. Ce remaniement est dû à l'action de « l'élémental du désir » ; c est lui qui enferme, pendant un certain temps, la conscience dans le sous-plan le plus bas. Or, le défunt n'est aucunement obligé de se prêter sans résistance à ce remaniement ; s'il peut, sur la terre, dompter la houle des désirs par un puissant effort de volonté, il est de même, après la mort, maître de son propre véhicule ; il n'a, pour cela, qu'à mettre sa force en action. Il peut s'opposer absolument à ce que le remaniement suive son cours et, par un effort de volonté, rendre à son corps astral sa souplesse première. Il peut enfin parvenir à le maintenir exactement dans le même état que pendant la vie terrestre — au prix, il est vrai, d'une lutte prolongée avec l'élémental, en tout point semblable à la lutte soutenue pendant la vie physique, quand l'homme entreprend la tâche de dominer un désir impérieux. Mais cet effort en vaut la peine, car, devenu le maître, le défunt se trouve libre de circuler, comme il l'entend, sur le plan astral, conscient, non pas seulement sur un sous-plan unique, mais sur tous simultanément, comme l'est un homme qui, de son vivant, passe en pleine conscience sur le plan astral. La vie astrale peut être, ainsi, très abrégée et rendue, en même temps, beaucoup plus heureuse et plus utile.

L'homme qui recouvre ainsi sa liberté se trouve immédiatement à même d'être d'un grand secours à ses semblables. Il peut en effet, si son degré d'instruction le lui permet, se joindre à la troupe des aides et entreprendre, de concert avec eux, un travail régulier ; il rend, par là, de grands services à ses compagnons dans l'astral et s'attire, en même temps, pour l'avenir, beaucoup de bon karma.

Il peut arriver que le défunt soit retenu sur la terre par des préoccupations ayant parfois pour cause des devoirs laissés négligés ou des dettes impayées — mais, plus souvent, l'existence d'une femme, ou d'enfants, laissés sans ressources. Dans des cas semblables, il a fallu plus d'une fois — pour amener le défunt à continuer paisiblement sa marche ascendante — que l'aide agît, dans une certaine mesure, comme son représentant sur le plan physique et s'occupât pour lui de régler l'affaire qui le préoccupait.

Un élève essayait d'assister un pauvre, mort dans une de nos villes de l'Ouest, qui ne pouvait détourner ses pensées du monde terrestre, à cause de ses inquiétudes au sujet de deux jeunes enfants que sa mort laissait sans moyens d'existence. Cet homme, un ouvrier, n'avait rien pu mettre de côté pour eux ; sa femme était morte deux ans plus tôt, et sa propriétaire — une très brave personne, prête à faire son possible pour eux — était elle même beaucoup trop pauvre pour pouvoir les adopter ; très à contre cœur, elle vit arriver le moment où il faudrait les re mettre entre les mains des autorités paroissiales. Pour le père décédé, c'était là un grand chagrin ; il ne pouvait pourtant ni blâmer la propriétaire, ni lui suggérer une autre manière d'agir.

Notre ami lui demanda s'il n'avait aucun parent auquel il pût confier les enfants — mais le père n'en connaissait pas. « J'ai bien, dit-il, un frère cadet qui aurait certainement fait quelque chose pour moi, dans ma détresse, mais je l'ai perdu de vue depuis quinze ans et ne sais s'il est vivant ou mort. La dernière fois que j'en ai entendu parler il était dans le Nord, apprenti charpentier, et l'on disait de lui que c'était un garçon sérieux qui, s'il vivait, ferait certainement son chemin. »

Les indices étaient, assurément, des plus vagues, mais il ne semblait pas que le secours

pût venir d'ailleurs aux enfants, et notre ami
jugea qu'il valait la peine de faire un effort spécial pour suivre cette piste. Accompagné par le
défunt, il se mit patiemment à chercher le frère
dans la ville désignée et parvint, mais à grand'
peine, à le découvrir. Cet homme était maintenant maître charpentier et faisait assez bien ses
affaires ; marié, mais sans enfants, il désirait
ardemment en avoir et, pour cette raison, semblait remplir exactement les conditions voulues.

Il s'agit alors de savoir comment on lui ferait
parvenir le message du défunt. Par bonheur, le
charpentier se montra suffisamment impression-
nable pour qu'il fût possible de lui présenter clairement, en rêve, la mort de son frère et la détresse de ses enfants. Ceci se répéta trois fois
— le nom même de la propriétaire lui étant nettement désigné. Profondément impressionné par
cette vision persistante, il en causa sérieusement
avec sa femme, qui lui conseilla d'écrire à
l'adresse donnée. L'idée ne lui plut pas ; par
contre, il eut grande envie de se rendre dans
l'Ouest, de s'assurer s'il existait une maison semblable à celle qu'il avait vue et, dans ce cas, de
s'y présenter sous un prétexte quelconque. Ce
pendant, étant très occupé, il finit par décider
qu'il n'avait pas les moyens de perdre une journée de travail, pour des idées pouvant n'être,

après tout, que le résultat d'un songe et rien de plus.

Les efforts ayant apparemment échoué sur ce point, on résolut d'essayer d'un autre moyen. L'un des aides écrivit au *c*harpentier, lui racon tant en détail la mort de son frère et la situation des enfants, exactement comme les circonstances lui avaient été présentées en rêve. En recevant cette confirmation, l'homme n'hésita plus, mais, dès le lendemain, partit pour la ville en question où la charitable propriétaire le reçut à bras ouverts. Les aides n'avaient pas eu de peine à persuader à la brave femme de garder les enfants pendant quelques jours, dans le cas où un secours se présenterait pour eux et, depuis lors. elle n'a pas cessé de se féliciter de sa décision. Le char- pentier, bien entendu, emmena les enfants, leur donna un *home* où ils furent heureux, et le père décédé, délivré de son anxiété, reprit joyeux la voie ascendante.

Certains auteurs théosophes ayant cru devoir insister, avec énergie, sur les inconvénients des séances de spiritisme, il n'est que juste de recon- naître que, plusieurs fois, de bons résultats — comme ceux obtenus dans le cas précédent — ont été obtenus par l'intermédiaire d'un médium ou d'un des assistants. Si donc la pratique du spiritisme a, trop souvent, retardé des âmes qui,

sans lui, eussent été rapidement libérées, il faut
lui rendre cette justice qu'il a donné à d'autres
la possibilité, de se dégager — leur ouvrant par
là le chemin du progrès. Dans certains cas, le
défunt a pu apparaître, de lui-même, à ses parents
ou à ses amis et leur exprimer ses désirs — mais
ces cas sont rares, et la plupart des âmes rete
nues sur la terre par les préoccupations dont
nous avons parlé ne voient leurs vœux réalisés
que par l'intervention d'un médium ou d'un
aide agissant consciemment.

Un autre cas se présente très souvent sur le
plan astral : celui de l'homme se refusant à croire
à son propre décès. Généralement le défunt con-
sidère le fait qu'il est encore conscient comme
une preuve absolue qu'il n'a pas franchi les portes
de la mort. Voilà qui déprécie singulièrement —
quand on y pense — la valeur pratique de notre
fameuse croyance en l'immortalité de l'âme !
Quelle que soit l'étiquette qu'ils aient portée de leur
vivant, la grande majorité des hommes qui meu-
rent — dans ce pays tout au moins — montrent,
par leur attitude subséquente, qu'à tous les points
de vue possibles, ils étaient au fond matérialistes,
et ceux qui, sur la terre, ont honnêtement pris
ce nom, ne sont souvent pas plus difficiles à con
vaincre que d'autres, que le mot seul eût scanda-
lisés.

En voici un **exemple** tout récent. Un savant, se voyant pleinement conscient et, en même temps, soumis à des conditions différant radicalement de ses expériences passées, s'était persuadé qu'il était encore vivant et simplement victime d'un rêve prolongé et désagréable. Heureusement pour lui, il se trouva, dans le groupe des aides capables d'agir sur le plan astral, le fils d'un de ses vieux amis. Ce jeune homme avait été chargé par son père de retrouver le savant décédé et de chercher à lui être utile. Étant parvenu — non sans peine — à découvrir et à aborder le défunt, celui ci lui avoua franchement qu'il se trouvait singulièrement dépaysé et troublé, mais se cramponna désespérément à l'hypothèse d'un rêve, comme à l'explication la plus plausible de tout ce qu'il voyait. Il alla jusqu'à suggérer que son visiteur n'était lui-même qu'un personnage de rêve !

Finalement le savant céda jusqu'à proposer une sorte d'expérience et dit au jeune homme : « Si vous êtes, comme vous me l'affirmez, un homme vivant ou le fils de mon vieil ami, communiquez-moi de sa part un message me prouvant votre réalité objective. » Dans toutes les conditions ordinaires du plan physique, il est sévèrement interdit aux élèves des Maîtres de jamais donner aucune preuve d'un caractère phénoménal — mais

un cas semblable paraissait échapper à la règle
ordinaire. Aussi — les autorités supérieures,
consultées, n'ayant pas fait d'objection — sou-
mit-on le désir du savant au père qui répondit
immédiatement par un message, mentionnant
un certain nombre d'événements antérieurs à la
naissance de son fils. Ceci convainquit le défunt
de l'existence réelle de son jeune ami et, par
suite, de celle du plan où ils se trouvaient ensemble. Ce point bien établi, les habitudes scientifiques reprirent le dessus, et le savant se montra
extrêmement impatient d'obtenir, sur cette région nouvelle, tous les renseignements possibles.

Bien entendu, ce message si facilement accepté
comme une preuve n'en était pas une au fond, car
les faits cités auraient pu être trouvés dans sa
propre pensée ou dans les « registres » akasiques
par tout être doué des sens astrals. Mais ces possibilités — le savant les ignorait; il fut donc pos
sible de faire naître en lui cette impression décisive. L'instruction théosophique que lui donne
chaque nuit son jeune ami influera sans doute
prodigieusement sur son avenir — car elle modi-
fiera forcément, et l'existence céleste qui l'attend,
et sa prochaine incarnation terrestre. .

La principale tâche de nos aides, parmi les
personnes récemment décédées, est donc de les
calmer et de leur rendre courage — de les déli-

vrer, quand ils le peuvent, de la frayeur à la fois
terrible et irraisonnée qui s'empare trop souvent
d'elles et qui, non seulement leur cause des souffrances inutiles, mais encore retarde leur passage
à des mondes supérieurs — enfin de les mettre à
même de comprendre, dans la mesure du possible, l'avenir qui s'ouvre devant elles.

D'autres personnes — séjournant depuis longtemps sur le plan astral — peuvent également. si
elles consentent à les recevoir, trouver dans les
explications et les conseils un secours efficace.
Elles peuvent, par exemple, être prévenues que
les tentatives de communication avec les vivants,
faites au moyen d'un médium, sont une source
de dangers et de retards. Une âme déjà attirée
vers un cercle spirite pourra (mais rarement)
être ramenée ainsi à une vie plus élevée et plus
saine. L'enseignement donné sur ce plan n'est
pas perdu — loin de là ; car, si le souvenir n'en
est pas, naturellement, transmis à l'incarnation
suivante, la véritable connaissance interne persisté toujours et, avec elle, une forte prédisposi-
tion à accepter l'enseignement d'emblée, quand
il se présentera de nouveau à l'âme dans une vie
nouvelle.

Comme exemple assez remarquable d'assistance
donnée aux morts, je citerai les débuts d'une recrue — des plus jeunes — tout récemment incor-

porée dans la troupe des aides. Ce jeune aspirant
avait, peu de temps auparavant, perdu une parente âgée qu'il affectionnait tout particulièrement, et sa première demande fut d'aller la trouver, sous la conduite d'un ami plus expérimenté,
dans l'espoir de lui être utile. Le projet fut mis à
exécution. La rencontre entre l'enfant vivant et
la défunte fut très belle et très touchante. La personne âgée approchait déjà du terme de sa vie
astrale — mais un certain état d'apathie, d'en-
gourdissement et d'incertitude l'empêchait de
faire des progrès rapides.

Or, — quand le jeune garçon, qui avait occupé
une si grande place dans ses affections, pendant
sa vie, se trouva de nouveau devant elle, dissipant
par les rayons de son amour le brouillard d'acca-
blement qui s'était amassé autour de sa personne
— elle sortit de sa stupeur. Bientôt elle comprit
que l'enfant était venu pour lui expliquer sa
situation et lui parler de la gloire de la vie supérieure, vers laquelle devaient désormais tendre
ses pensées et ses aspirations. Mais, dès qu'elle
eut bien saisi tout cela, il y eut en elle un tel
réveil de sentiments endormis — un tel déborde-
ment d'affection profonde envers son jeune ami,
que les derniers liens qui la retenaient encore à
la vie astrale se brisèrent et qu'à elle seule cette
explosion d'amour et de reconnaissance l'en

traîna, du même coup, jusqu'à la conscience supé
rieure du monde céleste. En vérité, l'amour pur
et sans mélange d'éléments égoïstes est, de toutes
les puissances de l'univers, la plus grande et la
plus efficace.

Le fait suivant est encore un bon exemple d'assistance posthume, ayant eu pour conséquence,
comme dans le cas précédent, de hâter le passage
à travers le plan astral vers le plan mental.

Un homme, frappé de toutes sortes de malheurs,
était tombé dans un etat de démoralisation tel,
qu'il risquait un accès de fièvre chaude. En bonne
santé et dans son état normal, c'était un excellent
garçon — mais il en était arrivé à un degré d'ébran-
lement nerveux pitoyable. Dans ces dispositions,
il traversa un champ où, soixante ans aupara·
vant, un mauvais sujet s'était suicidé. L'élémentaire, attiré par son état de dépression morbide,
s'attacha à lui et se mit à lui inspirer des idées
de suicide. Ce mauvais sujet avait dissipé une
fortune au jeu et dans la débauche, et — rendant
les hommes responsables de ses fautes -- il avait
mis fin à ses jours, en jurant de venger sur autrui
ses griefs imaginaires. Depuis lors il avait tenu
parole et poussé au suicide d'autres personnes
dont l'état moral les rendait accessibles à son influence. Notre pauvre ami devint sa victime. Après
quelques jours passés à lutter contre les sugges-

tions diaboliques, ses nerfs exaspérés cédèrent, et il se tua d'un coup de pistolet dans le même champ où avait eu lieu le premier suicide. De l'autre côté, il se trouva, bien entendu, dans la région la plus basse du Kamaloka, dans ce milieu pénible dont la littérature théosophique nous donne des descriptions si détaillées; il s'y attarda, très triste et très malheureux, accablé de remords, en butte aux sarcasmes et aux provocations de son tentateur, jusqu'au jour où il put enfin commencer à se dégager de cette déplorable situation. Cette lutte durait depuis huit ans, quand le plus jeune des deux compagnons de travail dont nous avons déjà parlé plusieurs fois dans ce petit livre — découvrit le malheureux et — étant encore peu habitué à de pareils spectacles — se laissa bouleverser par la compassion et la sympathie au point d'être rejeté précipitamment dans son corps physique et de se réveiller en sanglotant amèrement. Le plus âgé des deux aides se trouvait à ses côtés et voyait sa douleur; il le consola d'abord, puis lui démontra qu'une sympathie comme la sienne ne pouvait rendre aucun service; enfin tous deux repartirent et se rendirent auprès de leur malheureux ami; ils lui expliquèrent sa situation et lui rendirent courage en lui affirmant que, s'il était captif et ne pouvait sortir de là, sa propre imagination en était seule responsable.

Peu de jours après, ils eurent le bonheur de le voir quitter cette région abjecte ; ses progrès furent immédiats et rapides, et bientôt il passa sur le plan mental.

CHAPITRE XIII

AUTRES MISSIONS

Mais laissons le travail, d'une suprême importance, qui se fait parmi les morts, pour examiner le travail consacré aux vivants et disons quelques mots, dans cet ordre d'idées, d'un champ d'action considérable, que nous ne saurions omettre de citer sans laisser fort incomplet un exposé des missions incombant à nos aides invisibles ; je veux parler des résultats immenses obtenus par la suggestion — par la simple inspiration mentale de bonnes pensées à des personnes aptes à les recevoir.

Qu'on ne se méprenne pas sur ce que nous entendons par ces mots. Il serait extrêmement facile pour un aide — facile à un point inimaginable pour qui ne possède pas sur ce sujet de

notions pratiques — de dominer l'esprit d'une
personne ordinaire et de diriger à volonté sa
pensée — et cela sans que le sujet puisse soup-
çonner, en rien, une influence extérieure. Mais,
si les résultats peuvent être admirables, le pro
cédé est absolument inadmissible. On doit se
borner à faire passer une bonne pensée dans l'esprit de la personne — comme des centaines
d'autres pensées semblables y passent constamment. A l'homme, seul, de décider s'il accueillera
la pensée, s'il l'assimilera, s'il y conformera sa
conduite. Il va sans dire qu'autrement tout le
bon karma reviendrait exclusivement à l'aide.
Le sujet eût été un simple instrument, au lieu
d'agir avec initiative ; ce qui n'est pas le résultat
cherché.

Ce genre d'assistance est extrêmement varié
dans ses applications. Consoler les personnes qui
souffrent ou qui pleurent — s'efforcer de guider
vers la vérité celles qui la cherchent sincère-
ment — voilà des exemples qui viennent d'eux-
mêmes à l'esprit. Un homme apporte-t-il, à l'étude
d'un problème spirituel ou métaphysique, une
application soutenue et anxieuse — il est souvent
possible de lui présenter mentalement la solution
sans qu'il se doute en rien qu'elle lui vient du
dehors.

Une autre application, extrêmement importante, de ce même mode de suggestion mérite une mention spéciale; elle incombe aux aides les plus avancés et montre, une fois de plus, que toutes les capacités et toutes les vertus acquises sur la terre sont utiles aux aides et peuvent être appliquées au bien de l'humanité. Si le commun des hommes peut être assisté par la suggestion mentale dans des moments de préoccupations individuelles et recevoir des conseils et une direction dont ne profitent directement qu'un cercle restreint de personnes co-intéressées — une suggestion semblable peut être employée vis-à-vis de personnes responsables, dans les mondes politique et religieux. Il est possible, par ce moyen, d'inspirer certaines idées aux rois et aux chefs d'Etat, aux régents, aux ministres, aux directeurs d'administrations civiles et ecclésiastiques. Ces idées sont-elles retenues et mises en action — toute la nation s'en trouve bien. Nous irons jusqu'à dire que certains aides — toujours, bien entendu, sous la direction des grands et sages guides de l'humanité, invisibles pour le monde extérieur, mais visibles pour les aides — sont en relation continuelle, comme je viens de l'indiquer, avec les hommes dont le jugement pèse d'un si grand poids dans la destinée de tant d'êtres humains. Ici encore nous voyons avec quel amour vigilant le protecteur spirituel de

notre race intervient sans cesse pour son bien
— sans cesse lui présente des occasions de pro-
gresser et de se joindre au fleuve immense de
l'évolution, dans sa marche à travers les mondes.

Encore une fois, il ne faut jamais craindre
qu'une belle et noble qualité, acquise sur cette
terre, reste sans emploi dans cette tâche glorieuse ou qu'elle ne puisse trouver son application dans un travail utile.

Un élève peut, souvent aussi, être employé
comme l'agent de ce qu'il est difficile d'appeler
autrement que l'exaucement des prières. Car, si
tout désir spirituel sincère — tel qu'il trouverait,
par exemple, son expression dans la prière — est
à lui seul une force déterminant automatique-
ment certains résultats, il n'en est pas moins vrai
qu'un effort spirituel de ce genre fournit aux
Puissances du Bien l'occasion d'exercer leur
influence. Elles la saisissent sans tarder, et c'est
souvent le privilège d'un aide de bonne volonté
de devenir le canal emprunté par Leur énergie.
Ce que je viens de dire de la prière peut se dire
plus exactement encore de la méditation, quand
il s'agit de personnes pour qui cet exercice plus
profond est possible.

A côté de ces méthodes d'un caractère général,
il en est de plus spéciales, réservées à la mino-
rité. Bien souvent, des élèves présentant les apti-

tudes nécessaires ont reçu pour mission d'inspirer des pensées vraies et belles à des auteurs,
des poètes, des artistes et des musiciens ; mais.
évidemment, tous les aides ne sont pas capables.
de jouer un rôle semblable.

Parfois — plus rarement — il est possible d'ouvrir les yeux d'une personne au danger que fait
courir à son développement moral telle ligne de
conduite — de délivrer de certaines influences
mauvaises une personne ou une localité — de
neutraliser les machinations de magiciens noirs.
Il est rare que les grandes vérités de la nature
puissent être enseignées directement, en dehors.
du cercle des étudiants occultes, mais il est parfois possible, dans cet ordre d'idées, d'obtenir un
certain résultat, en présentant à l'esprit des pré-
dicateurs et des professeurs des échappées intel-
lectuelles plus vastes, ou une manière de voir
plus large que celle qu'ils eussent, autrement,
adoptées.

Il va sans dire qu'en avançant dans le Sentier
l'étudiant occulte voit s'ouvrir devant lui des possibilités plus grandes de se rendre utile. Au lieu
d'assister simplement des personnes isolées, il
apprend la manière de se consacrer aux classes
— aux nations — aux races et se voit confier une
part graduellement plus importante dans le travail plus élevé et plus vaste qui est celui des.

adeptes eux-mêmes. En acquérant les facultés et
les connaissances nécessaires, il commence à
employer les forces plus grandes de l'Akasa et de
la lumière astrale, et apprend à tirer tout le parti
possible de chaque influence cyclique favorable.
Il entre en relation avec ces grands Nirmânakâyas
que l'on a quelquefois symbolisés sous le nom de
Pierres de la Muraille protectrice; il devient —
tout d'abord, naturellement, dans la plus humble
qualité — l'un des dispensateurs de leurs au-
mônes et apprend la manière de distribuer ces
forces qui sont le fruit de leur renoncement sublime. Il s'élève ainsi, de degré en degré, pour
atteindre finalement la condition d'adepte. Il peut
alors largement partager la responsabilité qui
repose sur les Maîtres de la Sagesse et aider
d'autres hommes à suivre le chemin qu'il a par-
couru.

Sur le plan dévachanique le travail est un peu
différent, l'enseignement pouvant être à la fois
donné et reçu d'une manière bien plus directe,
plus rapide et plus complète. D'autre part, les
influences mises en jeu sont infiniment plus puis-
santes, leur action s'exerçant sur un plan plus
élevé. Les détails sont maintenant inutiles. Si peu
d'entre nous sont encore capables d'être conscients sur ce plan pendant leur vie physique!
Mais ici aussi — et même plus haut — il y a beau-

coup à faire, dès que se manifeste la faculté d'accomplir la tâche Pendant des âges sans nombre,
il n'y aura certainement pas lieu de craindre que
nous nous trouvions jamais dépourvus d'un champ
d'action où puissent s'exercer notre désintéresse-
ment et notre dévouement.

CHAPITRE XIV

LES CONDITIONS REQUISES

Mais — demandera-t-on — comment se rendre capable de participer à cette grande tâche ? — Les conditions à remplir par un homme aspirant à devenir un aide ne sont pas un mystère ; la difficulté ne consiste pas à apprendre ce qu'elles sont — mais bien à les développer en soi-même. Jusqu'à un certain point, elles ont été déjà, incidemment, décrites ; il est bon cependant qu'elles soient exposées d'une manière détaillée et catégorique.

1° *La fixité de l'objectif.*

La première condition est de réaliser la grande tâche que les Maîtres veulent nous voir entreprendre et de trouver dans cette tâche l'unique

— l'absorbant intérêt de notre vie. Il faut apprendre à distinguer, non seulement entre le travail utile et le travail inutile, mais encore entre les différents genres de travail utile. Par là, chacun de nous pourra se vouer à la tâche la plus haute dont il est capable, au lieu de gaspiller son temps et ses efforts à poursuivre un objectif excellent, peut être, pour un homme encore incapable de faire mieux, mais indigne des connaissances et des facultés que nous devrions posséder, comme Théosophes. Pour être jugé susceptible d'emploi sur les plans supérieurs, il faut commencer par consacrer tous les efforts dont on est capable à travailler effectivement, ici-bas, pour la cause théosophique.

Bien entendu, je ne veux dire en aucune façon qu'il faille négliger les devoirs ordinaires de l'existence. Nous ferions bien, assurément, de n'assumer en ce monde aucun devoir nouveau, mais ceux que portent déjà nos épaules sont devenus une obligation karmique — nous n'avons pas le droit de les négliger. A moins de nous être acquittés intégralement des devoirs que nous a imposés le Karma, nous ne sommes pas libres pour des fonctions plus hautes. Pourtant, ces fonctions plus hautes doivent nous apparaître comme le seul objectif donnant quelque valeur à l'existence — comme l'accompagnement inséparable d'une vie consacrée aux Maîtres de compassion.

2° Une entière possession de soi-même.

Avant que les facultés, plus développées, de la vie astrale puissent nous être confiées sans danger, il faut que nous nous maîtrisions parfaitement. Notre caractère, par exemple, doit être complètement dominé, afin que rien de ce que nous pouvons voir ou entendre ne soit capable d'éveiller en nous une réelle irritation, dont les conséquences seraient beaucoup plus graves sur le plan astral que sur celui-ci. La force de la pensée a toujours une action énorme, mais, ici-bas, elle se trouve entravée — ralentie par les grossières cellules cérébrales qu'elle doit mettre en mouvement. Dans le monde astral elle est bien plus libre et plus puissante — si bien que la colère ressentie, sur ce plan, par un homme aux facultés entièrement éveillées, envers une autre personne, entraînerait pour celle ci des conséquences dangereuses — peut-être même fatales.

Il faut non seulement savoir nous dominer — mais encore posséder le sang-froid, afin qu'aucun des spectacles fantastiques ou terribles qui pourront s'offrir à nos yeux ne soit capable d'ébranler notre indomptable courage. N'oublions pas qu'en réveillant un homme sur le plan astral, l'élève devient, dans une certaine mesure, responsable de ses actes et de sa sécurité. Si donc le néophyte n'avait pas le courage de rester seul, l'aide plus avancé devrait perdre son temps à lui servir de gardien et de protecteur — ce qu'il ne serait évidemment pas raisonnable de lui demander.

Pour s'assurer du sang-froid des candidats et les préparer à la tâche qui les attend, ils ont toujours à subir, comme dans le passé, ce qu'on appelle les épreuves de la terre, de l'eau, de l'air et du feu.

En d'autres termes, ils doivent apprendre, avec cette certitude absolue qui ne repose pas sur la théorie mais bien sur la pratique et l'expérience, que, dans le corps astral, aucun de ces éléments ne peut leur faire le moindre mal — qu'aucun ne peut présenter le moindre obstacle, pour eux, dans l'accomplissement de leur travail.

Dans notre corps physique, nous sommes pleinement convaincus que le feu brûle, que l'eau asphyxie, que le roc solide présente un obstacle infranchissable, que nous ne pouvons avec confiance nous lancer sans soutien dans le vide. Cette conviction — nous en sommes si profondément pénétrés, qu'il faut en général un effort assez considérable pour surmonter les mouvements instinctifs qui en résultent et pour réaliser que, dans le corps astral, le rocher le plus dense n'est pas un obstacle pour la locomotion ; qu'il est possible de se jeter impunément du haut de la falaise la plus escarpée et de plonger, avec la confiance la plus entière, dans le cratère du volcan en pleine éruption ou dans les abîmes les plus profonds de l'insondable océan.

Or, à moins de *savoir* qu'il en est ainsi — de le savoir suffisamment pour pouvoir agir instinctivement et avec confiance — l'homme est relativement impropre au travail astral, car, dans des circonstances qui se présentent sans cesse, il serait constamment paralysé par des dangers imaginaires. Il dóit donc subir ses épreuves et faire bien d'autres expériences étranges — rencontrer, face à face, avec calme et courage, les apparitions les plus terrifiantes dans les milieux les plus répugnants — prouver enfin que son sang-froid est digne de toute confiance, quelles que soient les situations où il peut, d'un moment à l'autre, se trouver.

La soumission de notre mental et de nos désirs nous est également nécessaire.— du mental, parce que, sans la faculté de la concentration, il serait impossible de faire un travail efficace, dans le tourbillon de tous les courants astrals — des désirs, parce que, dans ce monde étrange, dési-

rer est souvent posseder et qu'à moins d'avoir
bien maîtrisé ce côté de notre nature nous pour-
rions nous trouver face à face avec certaines de
nos créations dont nous serions profondément
honteux.

3° *Le calme.*

L'absence de toute agitation et de tout découragement est encore un point fort important. Le
travail consiste souvent à calmer les personnes
troublées et à réconforter celles qui pleurent ;
or, comment en serait capable un aide dont la
propre aura vibre constamment sous l'influence
de l'agitation et des soucis, ou présente la teinte
mortellement livide, indice d'une dépression
morale continuelle. Rien n'est plus fatalement
pernicieux, pour nos progrès ou pour notre
tâche occultes, que l'habitude, spéciale au xix°siè-
cle, de nous faire sans cesse des soucis à propos
de rien — d'éternellement transformer les tau-
pinières en montagnes. Beaucoup d'entre nous
passent littéralement leur vie à s'exagérer les
riens les plus absurdes et à consacrer gravement
tous leurs efforts à se rendre malheureux sans
motifs.

Étant théosophes, nous devrions avoir passé
cette période d'agitation déraisonnable et d'abat-
tement sans cause. Nous efforçant d acquérir des

notions précises sur l'ordre cosmique, nous devrions être arrivés à comprendre que l'optimisme est, partout et toujours, l'attitude la plus en rapport avec les vues divines et, par suite, avec la vérité. Dans une personne quelconque, ce qu'elle présente de bon peut seul être permanent; le mal, par sa nature même, doit être temporaire. De fait — comme l'a dit Browning : « Le mal n'a ni existence, ni réalité — c'est le silence rendant le son possible »; — tandis que, plus haut et plus loin, « l'âme des choses est douce, le cœur de l'existence est un céleste repos ». Aussi Ceux qui savent conservent-Ils un calme que rien ne trouble et joignent-Ils à Leur compassion parfaite la sérénité joyeuse donnée par la certitude que tout finira bien. L'homme qui aspire au service doit apprendre à suivre Leur exemple.

4° *Le savoir.*

Pour être utile, l'homme doit au moins avoir quelques notions sur le plan où il devra travailler, et son utilité sera en raison directe de son degré d'instruction sur tous les points possibles. Il doit se rendre apte à cette tâche en étudiant avec soin tout ce qui a été écrit sur le sujet dans la littérature théosophique, car il ne saurait demander à ceux dont le temps est déjà si occupé d'en gas-

piller une partie à lui expliquer ce qu'il aurait
pu apprendre ici-bas, en prenant la peine de con-
sulter les livres. Il est inutile — avant d'avoir
apporté à l'étude tout le sérieux compatible avec
les facultés et les facilités dont on dispose — de
songer à se mettre sur les rangs comme tra-
vailleur dans l'astral.

3° *L'amour.*

C'est la dernière et la principale des conditions
demandées ; c'est aussi la moins comprise. Je
l'affirme avec énergie : cet amour n'est pas le
sentimentalisme à bon marché, débile et sans
ressort qui s'épanche sans cesse en vagues plati-
tudes et faciles généralités mais n'a pas le cou
rage de ses opinions, dans la crainte d'être
accusé par les ignorants de ne pas être « frater-
nel ». Ce qui est nécessaire, c'est l'amour assez
fort pour se passer de réclame et travailler en
silence — c'est le désir passionné de servir, toujours à l'affût d'une occasion mais préférant garder l'anonyme — c'est le sentiment qui s'éveille
dans le cœur de l'homme, le jour où, ayant réalisé et compris le rôle immense du Logos, il sait
du même coup qu'il ne peut exister pour lui-
même, dans les trois mondes, d'autre solution
que de s'identifier avec ce rôle jusqu'à la dernière limite de ses forces — que de devenir,

même dans la plus humble mesure et à une distance immense, un canal infime de ce merveilleux amour divin qui surpasse, comme la paix divine, toute intelligence.

Telles sont les qualités que l'aide doit, sans relâche, s'efforcer d'acquérir et qu'il doit avoir développées en grande partie — du moins avant de pouvoir espérer que les Grands Êtres invisibles qui surveillent l'évolution le jugeront digne d'être complètement éveillé. C'est un idéal très haut — je le reconnais — mais il n'y a pas de raisons pour y renoncer et perdre courage, ni pour supposer que, la poursuite de cet idéal étant encore ardue, il faille nécessairement rester tout à fait inutile sur le plan astral — car, sans aller jusqu'aux responsabilités et aux périls du réveil complet, il est possible de se rendre très utile sans danger.

Presque tous, nous sommes à même de faire un acte, au moins, de compassion et de bonne volonté, chaque nuit après avoir quitté nos corps. Pendant le sommeil — ne l'oublions pas — nous sommes généralement absorbés dans nos réflexions — nous poursuivons les pensées qui nous ont le plus occupés dans la journée, particulièrement celle qui a surgi la dernière dans notre esprit, au moment de nous endormir. Or si nous parvenons à ce que cette dernière pensée soit

une ferme intention d'aller secourir une personne
que nous savons en avoir besoin, l'âme délivrée
des entraves corporelles saura, sans aucun
doute, mettre ce désir à exécution. L'aide sera
donnée. On cite plusieurs cas où — la tentative
ayant été faite — la personne qui en était l'objet
a eu pleinement conscience de l'effort de l'ami
bien intentionné et a même vu son corps astral
mettant à exécution les ordres qui l'avaient
impressionné.

Non — que personne ne se dise, avec tristesse :
« Ce glorieux travail n'est pas pour moi ! » —
Une idée semblable serait absolument fausse —
car pour chacun, penser c'est pouvoir aider. Cette
action efficace peut même ne pas s'exercer exclusivement pendant les heures de sommeil. Si vous
connaissez — (qui n'en connaît !) — une personne plongée dans la tristesse ou dans la souffrance, il est possible que vous ne puissiez vous
tenir, consciemment, à son chevet dans votre
corps astral, mais vous pourrez néanmoins lui
adresser des pensées affectueuses et des vœux
sincères. Soyez assuré que ces pensées et ces
vœux sont réels, vivants et forts ; quand vous les
envoyez ainsi au loin, ils accomplissent certainement leur mission et exécutent vos volontés, en
raison directe de la force que vous avez mise en
jeu. Les pensées sont des choses, des choses

réelles dans la force du terme, très visibles pour ceux dont les yeux ont été ouverts — et, par le moyen des pensées, l'homme le plus pauvre peut prendre part, tout aussi bien que le riche, à l'œuvre bienfaisante qui se fait dans le monde. Dans cette mesure du moins — que nous soyons ou non conscients sur le plan astral — nous pouvons et devons nous joindre à l'armée des aides invisibles.

Mais, si le candidat est décidé à entrer dans la troupe des aides astrals qui travaillent sous la direction des grands Maîtres de la Sagesse, sa préparation ne sera, pour lui, qu'une des étapes d'un développement infiniment plus vaste. Il ne se bornera pas à vouloir acquérir les aptitudes nécessaires à cette branche spéciale de Leur service mais, visant haut et loin, il entreprendra une tâche bien grande — celle de s'entraîner à suivre Leurs pas de poursuivre avec toutes les énergies de son âme le but qu'Ils ont Eux-mêmes atteint, afin que les moyens dont il disposera pour aider le monde ne soient pas limités au plan astral mais puissent s'étendre aux niveaux plus élevés qui sont la vraie patrie de notre individualité divine.

Le sentier à prendre lui a été montré, il y a bien longtemps, par les sages qui l'ont suivi jadis ; c'est celui du développement personnel que tous

doivent suivre, tôt ou tard, qu'ils s'y décident
volontairement aujourd'hui ou qu'ils attendent
l'heure où, après des existences nombreuses et
des souffrances infinies, la lente et irrésistible
force de l'évolution les poussera en avant, parmi
les retardataires de la famille humaine. Quant au
sage, il s'engage dans le sentier immédiatement
et avec ardeur, le visage résolument tourné vers
le but, qui est de devenir adepte — afin que,
délivré pour toujours et complètement du doute,
de la crainte et de la douleur elle-même, il puisse
mener d'autres hommes à la sécurité et au
bonheur. Nous verrons dans le prochain chapitre
ce que sont les étapes du Sentier de la Sainteté,
comme l'appellent les Bouddhistes, et l'ordre
dans lequel elles se succèdent.

CHAPITRE XV

Les livres orientaux nous disent qu'il y a, pour l'homme, quatre moyens de trouver l'entrée du sentier de l'avancement spirituel : 1° la fréquentation des personnes qui y marchent déjà ; 2° l'enseignement oral ou écrit de la philosophie occulte ; 3° la réflexion éclairée — (en d'autres termes l'homme peut arriver, par la force de l'intellect et du raisonnement, à la vérité ou, du moins, à une partie de la vérité) ; 4° la pratique de la vertu — (c'est-à-dire qu'une longue série d'existences vertueuses, sans impliquer forcément un développement intellectuel, finissent pourtant par éveiller dans l'homme une intuition suffisante pour lui faire comprendre la nécessité de s'engager dans le sentier et lui en montrer l'entrée).

L'homme est-il — d'une façon ou d'une autre —
arrivé à ce point, le chemin de l'adeptat suprême
s'étend sous ses yeux ; à lui de s'y engager. En
écrivant pour des étudiants de l'occultisme, il
est à peine nécessaire de dire qu'à notre degré
actuel de développement nous ne pouvons nous
attendre à acquérir des connaissances complètes,
ou presque complètes, concernant d'autres étapes
que les plus élémentaires. Des plus avancées nous
ne savons guère que les noms, bien qu'une échap-
pée puisse, de temps à autre, nous être ouverte
sur la gloire indescriptible qui les accompagne.

Ces étapes, nous dit l'enseignement ésotérique,
forment trois grandes divisions :

1° La période de noviciat, pendant laquelle
aucun engagement spécial n'est pris et aucune
initiation proprement dite n'est accordée. Ce
stage amène l'homme à passer avec succès ce que
les livres théosophiques appellent généralement
la période critique de la cinquième ronde ;

2° La période où le disciple devient profès.
C'est le sentier proprement dit, dont les quatre
stages sont désignés, dans les livres orientaux,
sous le nom des quatre sentiers de la sainteté. A
la fin de cette période le disciple devient adepte ;
c'est le degré que l'humanité est appelée à
atteindre à la fin de la septième ronde ;

3° Ce que j'oserais appeler la période officielle,

où l'adepte prend une part déterminée, subordonnée à la grande Loi Cosmique, dans le gouvernement du monde et remplit des fonctions particulières qui s'y rattachent. Bien entendu, tout adepte — et même tout élève, quand il est définitivement accepté, comme nous l'avons vu dans les chapitres précédents — contribue à la grande œuvre, tendant à stimuler l'évolution humaine ; mais les plus avancés sont chargés de départements spéciaux et correspondent, dans l'ordre cosmique, aux ministres d'un souverain dans un État terrestre bien constitué.

Je ne me propose pas d'aborder ici cette période officielle ; aucune information la concernant n'a encore été divulguée, et la question, dans son ensemble, est trop au-dessus de notre compréhension pour qu'il y ait aucune utilité à la traiter par écrit. Nous nous limiterons donc aux deux premières divisions.

Avant d'aborder en détail la période du noviciat, il est bon de constater que, dans la plupart des livres sacrés de l'Orient, ce stage est simplement regardé comme préliminaire et faisant à peine partie du sentier proprement dit — car le disciple n'est considéré comme réellement admis à suivre ce dernier qu'après avoir pris des engagements déterminés. Autre cause de grande confusion — l'énumération des périodes commence parfois à ce point, mais plus souvent au début de la deuxième grande division ; quelquefois les périodes elles-mêmes sont comptées — quelquefois les initiations qui les précèdent ou qui leur succèdent ; de sorte qu'en étudiant les livres il faut constamment être sur ses gardes pour éviter les erreurs d'interprétation.

Cette période de noviciat diffère du reste considérablement des autres ; les divisions entre les stages y sont moins nettement marquées que dans le cas des groupes supérieurs, et les exigences y sont moins précises et moins sévères. Mais il sera plus facile d'expliquer ce dernier point après avoir énuméré les cinq stages de cette période avec les conditions requises pour chacun. Les quatre premiers ont été remarquablement décrits par M. Mohini Mohun Chatterji dans la première « Transaction de la Loge de Londres » : nous y renvoyons le lecteur; il y trouvera des définitions plus complètes que celles qu'il est possible de donner ici. Des renseignements nombreux et extrêmement précieux ont aussi été donnés, sur ce point, par Mrs Besant, dans ses ouvrages *le Sentier du Disciple* et *Dans l'Enceinte extérieure* (1). Les noms donnés

---

(1) Librairie de l'Art Indépendant, 10, rue Saint-Lazare. (N.D.T.)

aux stages pourront ne pas être identiques car, dans ces livres, l'auteur a employé les termes hindous sanscrits, tandis que la nomenclature Pâli employée ici est celle du système bouddhiste — mais, si en quelque sorte le sujet se trouve abordé d'un côté différent, on verra que les conditions requises sont identiques. au fond, quand elles diffèrent par leur forme extérieure. Pour chaque mot je donnerai d'abord, entre parenthèses, le simple sens littéral, puis la manière dont il est généralement expliqué par le Maître.

La première période est donc appelée parmi les Bouddhistes :

I. MANODVARAVAJJANA (l'ouverture des portes de l'intelligence ou, peut-être, la fuite par les portes de l'intelligence). — Le candidat y acquiert une ferme conviction intellectuelle de l'impermanence et de la non-valeur de tous les intérêts terrestres. C'est ce que l'on appelle souvent : apprendre la différence entre le réel et l'irréel. Il faut fréquemment, pour y arriver, beaucoup de temps et bien des leçons pénibles— et pourtant il va sans dire qu'on ne saurait faire autrement le premier pas vers un progrès réel, car personne ne s'engage résolument dans le sentier sans avoir pris son parti de « s'affectionner aux choses qui sont en haut et non à celles qui sont sur

la terre » (1), et cette décision a pour cause la conviction que rien, dans ce monde, n'a la moindre
valeur auprès de là vie supérieure. Ce premier
pas est appelé par les Hindous l'acquisition de
la VIVEKA ou du discernement. Suivant, l'expression de M. Sinnett, il consiste à s'inféoder au
Soi supérieur.

II. PARIKAMMA (la préparation à l'action). —
Dans cette période le candidat apprend à pratiquer la vertu pour elle-même, sans tenir compte
de ce qu'elle peut lui rapporter ou lui faire
perdre ici-bas ou dans l'avenir ; pour employer
l'expression des livres orientaux, goûter le fruit
de ses propres actions le laisse complètement
indifférent. Cette indifférence est la conséquence
naturelle du pas précédent car, après avoir eu
les yeux ouverts au caractère irréel et fugitif de
toutes les récompenses terrestres, le néophyte
cesse d'en avoir besoin ; l'âme une fois éclairée
par la rayonnante clarté de la réalité, ne peut
plus donner à ses désirs un objectif moins élevé.
Les Hindous nomment ce détachement suprême
VAIRAGYA.

III. UPACHARO (l'attention ou la conduite),
— C'est le stage où doivent s'acquérir ce qu'on
appelle les « six qualifications » — SHATSAM-

---

(1) Ep. aux Colossiens, III, 2.

PATTI des Hindous. On les nomme en Pâli :

1° *Samo* (le calme) — la pureté et le calme de la pensée, que donne un mental parfaitement obéissant. C'est un résultat extrêmement difficile à obtenir mais très nécessaire — car, à moins de n'obéir qu'à la seule direction de la volonté, le mental ne saurait devenir, pour le maître, un instrument parfait. Cette qualité a une signification très étendue ; elle comprend à la fois l'empire sur soi-même et le calme indiqués au chapitre xiv comme nécessaires pour travailler sur l'astral.

2° *Damo* (l'assujettissement) — un empire analogue sur la conduite et sur les paroles — par suite leur pureté. Cette qualité, elle aussi, est une conséquence naturelle de la précédente.

3° *Uparati* (la cessation) — consiste, est-il dit, à renoncer à la bigoterie ou à ne plus croire nécessaire aucun acte ou cérémonie prescrits par une religion particulière ; l'aspirant atteint par là l'indépendance intellectuelle et une tolérance large et généreuse.

4° *Tilikkhâ* (la patience ou la tolérance). — Il faut entendre par ce mot la disposition de l'homme prêt à supporter avec sérénité tout ce que son karma peut lui faire subir et à renoncer, toutes les fois qu'il le faudra, aux objets terrestres, quels qu'ils soient. Le mot implique

aussi l'idée d'une absence complète de rancune —
l'homme sachant que ceux qui lui font tort sont
simplement les instruments de son propre
karma.

5° *Samâdhâna* (la force d'attention). — C'est la
concentration mentale, impliquant l'impossibilité d'être détourné du sentier par la tentation
et correspondant très exactement à la fixité
d'objectif dont il a été parlé dans le chapitre
précédent.

6° *Saddhâ* (la foi) — la confiance en notre
Maître et en nous-même ; autrement dit — le
disciple doit être convaincu qu'en suivant les
enseignements du Maître il est en bonnes mains
et que, s'il se défie de ses propres moyens, il
porte cependant en lui-même l'étincelle divine
qui, transformée en flamme, lui permettra un
jour de faire ce qu'a fait son Maître.

IV. ANULOMA (l'ordre direct ou la succession)
— signifiant que cette qualité est le corollaire des
trois autres. Dans cette période s'éveille le désir
passionné d'être libéré de l'existence terrestre et
de s'unir à la vie suprême. C'est la *Mumukshatva*
des Hindous.

V. GOTRABHU (l'aptitude à l'initiation). —
Dans ce stage, le candidat réunit en faisceau, pour
ainsi dire, ses acquisitions précédentes et les
confirme, au degré voulu, pour le grand pas sui-

vant, par lequel il mettra son pied sur le sentier proprement dit, en qualité d'élève agréé. Ce niveau atteint, l'initiation au degré suivant lui succédera très rapidement. A la question — « Qui est le Gotrabhu ? » — Bouddha répond : « L'homme qui remplit les conditions auxquelles succède immédiatement le commencement de la sanctification — voilà le Gotrabhu. »

La sagesse qu'il faut posséder pour se voir ouvrir le sentier de la sainteté est nommée *Gotrabhu-gnâna*.

Nous avons donné un coup d'œil rapide aux différents pas de la période du noviciat. Je dois maintenant insister sur le point mentionné en commençant : c'est que, dans ce stage élémentaire, les conditions et les qualités énumérées ne sont pas exigées dans leur *perfection*. Si elles étaient toutes également développées — dit M. Mohini — l'élève deviendrait adepte dans la même incarnation ; mais c'est là, naturellement, un cas très rare. Le candidat doit sans cesse les avoir pour objectif, mais ce serait une erreur de croire que personne n'a été admis au pas suivant, sans les posséder toutes de la façon la plus complète. Elles ne se suivent point, non plus, dans un ordre invariable, comme les pas qui leur succèdent. En réalité, un homme développerait en lui simultanément toutes les différentes qualités et plutôt parallèlement que dans un ordre régulier.

On comprendra qu'un homme puisse fort bien avoir suivi ce sentier jusqu'au bout sans même se douter de son existence. Nul doute que beaucoup de bons chrétiens, beaucoup de libres-penseurs sincères ne soient déjà très avancés dans le chemin qui les amènera éventuellement à l'initiation, sans avoir, de leur vie, entendu prononcer le mot d'occultisme. Je mentionne spécialement ces deux catégories d'hommes car, le développement occulte étant regardé dans toutes les autres religions comme une possibilité, il serait certainement recherché intentionnellement par les personnes aspirant à quelque chose de plus satisfaisant que les cultes exotériques.

Il faut aussi noter que les étapes du noviciat ne sont pas séparées par des initiations dans le sens propre du terme ; elles n'en seront pas moins — et certainement — remplies d'épreuves et d'essais de toutes sortes et sur tous les plans, que compenseront peut-être des expériences encourageantes, des conseils indirects et de l'aide — quand ils pourront être donnés sans inconvénients. Nous sommes quelquefois portés à employer le nom d'initiation un peu trop facilement — par exemple en parlant d'épreuves comme celles que je viens de mentionner. Pour donner au mot sa valeur exacte — il ne s'applique qu'à la cérémonie solennelle entourant l'admission officielle d'un disciple au grade supérieur, par une personne spéciale mettant — au nom de l'Initiateur Unique — entre les mains du récipiendaire la clef de connaissances nouvelles — clef dont il doit se servir sur le niveau qui lui est maintenant ouvert. Une initiation semblable marque le passage à la division dont nous allons parler maintenant — et de même, le passage de chacune des étapes qui la constituent à l'étape suivante.

CHAPITRE XVI

LE SENTIER PROPREMENT DIT

C'est au cours des quatre périodes marquant cette division du sentier qu'il faut rejeter les dix *Samyojana*, ou entraves, qui lient l'homme au cercle des renaissances et l'empêchent d'atteindre le *Nirvâna*. C'est ici qu'apparaît la différence entre cette période, où le disciple se lie par des engagements, et la précédente. Il ne s'agit plus maintenant de s'affranchir plus ou moins des entraves. Avant de pouvoir passer d'un stage à l'autre, le candidat doit être *absolument* délivré de certains de ces liens. Or leur énumération donnera une idée de la sévérité de cette exigence, et l'on ne s'étonnera pas de lire dans les livres sacrés que sept incarnations sont parfois nécessaires pour franchir cette division du sentier.

Chacun de ces quatre pas, ou stages, est à son tour divisé en quatre parties. Chacun présente en effet : 1° le *Maggo*, ou chemin, dans lequel l'étudiant s'efforce de rejeter ses liens ; 2° le *Phala*, résultat ou fruit, dans lequel le résultat de cet effort lui apparaît de plus en plus nettement ; 3° le *Bhavagga*, ou achèvement, période où, le résultat étant obtenu, l'étudiant devient capable d'accomplir d'une manière satisfaisante la tâche spéciale au niveau où il se maintient fermement aujourd'hui ; enfin le *Gotrabhu* — marquant, comme précédemment, l'heure où il devient digne de recevoir l'initiation suivante.

Le premier stage est :

I. SOTAPATTI ou SOHAN.

L'élève qui s'est élevé jusque-là est nommé le *Sowani* ou *Sotâpanna* — « celui qui est entré dans le fleuve » — car désormais, si ses progrès peuvent être lents, s'il peut succomber à des tentations plus subtiles et se détourner momentanément de sa voie, il ne peut plus abandonner entièrement la spiritualité et devenir un homme frivole. Il est entré dans le courant de l'évolution humaine supérieure et décisive, dans lequel doivent être entrés tous les hommes vers le milieu de la prochaine ronde, sous peine d'être laissés en arrière, comme temporairement insuffisants, par la grande onde vitale, et d'avoir à attendre, pour faire de' nouveaux progrès. la prochaine chaîne cosmique.

L'élève en état de recevoir cette initiation a donc dépassé la majorité humaine de toute une ronde autour de nos sept planètes et, par là, s'est mis définitivement à l'abri de la possibilité d'abandonner le courant dans la cinquième ronde. Voilà pourquoi il est quelquefois appelé « le sauvé » ou « celui qui est en sûreté ». Cette idée, dénaturée, a donné lieu à la curieuse théorie du salut, promulguée par une certaine partie de l'Église chrétienne. Le « salut éternel », mentionné dans quelques-uns de ses écrits, met l'homme à l'abri, non pas — comme les ignorants l'ont supposé d'une manière blasphématoire — des tortures éternelles, mais simplement de la possibilité de perdre le reste de ce « siècle » ou de cette dispensation, en ne suivant pas la marche du progrès. Tel est aussi le sens — naturellement — de la célèbre clause de la confession de saint Athanase : « Tout homme voulant être sauvé, doit avant tout posséder la foi catholique. » (Voyez Christian Creed, page 91.) Les entraves à rejeter par le disciple, avant de pouvoir passer au stage suivant, sont :

1° *Sakkâyaditthi* — l'illusion du soi.

2° *Vichikichchhâ* — le doute ou l'incertitude.

3° *Silabbataparâmâsa* — la superstition.

La première est la conscience du « moi ». Si on l'identifie avec la *personnalité*, elle n'est qu'une illusion et il faut s'en défaire dès l'entrée dans le véritable sentier ascendant. Mais la suppression complète de cette entrave signifie plus encore ; elle implique la réalisation de ce fait — que l'individualité, elle aussi, ne fait en vérité qu'un avec le Tout — qu'elle ne saurait par suite avoir des intérêts contraires à ceux de ses frères et que ses propres progrès sont en raison directe de l'aide qu'elle donne aux progrès d'autrui.

Le signe essentiel, le sceau, marquant l'arrivée au niveau du *Sotâpatti*, est la première admission de l'élève au plan venant immédiatement après le plan mental et généralement appelé plan bouddhique. Ce que l'élève pourra éprouver, même avec l'aide de son Maître, ne sera peut-être — ou plutôt certainement — que le plus fugitif effleurement de cet état prodigieusement exalté, mais ce simple effleurement est une chose désormais inoubliable, ouvrant à ses regards un monde nouveau et faisant subir à ses sentiments et à ses idées une transformation totale. Pour la première fois, grâce à l'expansion de conscience propre à ce plan, l'élève comprend vraiment l'unité sous-jacente de tous — non pas simplement par une conception intellectuelle — mais comme un véritable fait, manifeste à ses yeux dessillés ; pour la première fois il a, sur le monde où il vit, des notions exactes ; pour la première fois il est à même d'entrevoir ce que peuvent être l'amour et la compassion des Grands Maîtres.

Relativement à la deuxième entrave, il est un point contre lequel le lecteur doit être mis en garde. Élevés dans les habitudes d'esprit européennes, nous sommes malheureusement si familiarisés avec l'idée qu'une adhésion aveugle et irraisonnée à certains dogmes peut être exigée d'un disciple — qu'en voyant l'occultisme envisager le doute comme un obstacle au progrès nous sommes tentés de supposer qu'à l'exemple des superstitions modernes il exige de ses sectateurs la même foi soumise. Aucune idée ne saurait être plus entièrement fausse.

Le doute (ou plutôt l'incertitude) sur certaines questions empêche assurément les progrès spirituels, mais ce doute a pour antidote — non pas la foi aveugle (considérée, elle aussi, comme une entrave — nous le verrons plus loin) mais la certitude d'une conviction basée sur l'expérience individuelle ou le raisonnement mathématique. Tant qu'un enfant n'est pas certain de l'exactitude de la table de multiplication, il a peu de chances d'apprendre les mathématiques plus avancées ; ses doutes ne peuvent être dissipés d'une ma-

nière satisfaisante que s'il arrive à comprendre,
par le raisonnement ou par l'expérience, l'exactitude des affirmations de la table; s'il croit que
deux et deux font quatre, ce n'est pas seulement
parce qu'on le lui a dit, mais parce que ce résultat est devenu pour lui un fait évident en soi. Or
c'est exactement la méthode — et la seule méthode — pratiquée en occultisme pour vaincre
le doute.

Mettre en doute les doctrines du Karma et de
la réincarnation et aussi la possibilité d'atteindre
le bien suprême par le sentier de la sainteté
— voilà, suivant une définition donnée, ce qu'il
faut entendre par *Vichikichchhâ*. En rejetant ce
Samyojana on arrive à la certitude absolue —
ayant pour base, soit la connaissance personnelle
et directe, soit la raison - - que l'enseignement
occulte concernant ces questions est dans le vrai.

La troisième entrave à briser comprend toute
croyance irraisonnée ou fausse, toute disposition
à faire dépendre des rites et des cérémonies extérieures la purification morale. Pour arriver à reje
ter cette entrave, l'homme doit apprendre à ne
compter que sur lui-même et non pas sur les autres
ni sur la forme extérieure d'aucune religion.

Les trois premières entraves constituent une
série. La différence entre l'individualité et
la personnalité étant pleinement réalisée, il de-

vient possible, dans une certaine mesure, d'examiner le processus de la réincarnation et, par
suite, de ne plus avoir aucun doute à cet égard.
Cela fait, l'assurance que le véritable ego est,
spirituellement, permanent, donne au disciple la
confiance en sa propre force spirituelle et met fin
à la superstition.

II. SAKADAGAMI.

L'élève admis à ce deuxième stage est désigné
sous le nom de *Sakâdâgamin* — « l'homme
qui ne reviendra plus qu'une fois » —; en d'autres
termes, un homme arrivé à ce niveau ne devrait
plus avoir besoin que d'une seule incarnation
pour atteindre le grade d'arhat. En faisant ce
deuxième pas, l'élève ne rejette pas d'autres
entraves, mais il s'efforce de réduire à leur mini-
mum celles qui l'enchaînent encore. Cette période
n'en est pas moins marquée, généralement, par
un développement psychique et intellectuel considérable.

Les facultés, ordinairement appelées psychiques, n'ont-elles pas encore été acquises,
— elles doivent s'éveiller pendant cette période
car, sans elles, il n'y aurait pour l'élève ni assi-
milation possible des connaissances qui doivent
maintenant lui être communiquées, ni aptitude
à travailler d'en haut pour l'humanité — tâche à
laquelle il a dorénavant le privilège de collabo-

rer. Il doit pouvoir disposer de la conscience astrale pendant l'état de veille physique et, pendant le sommeil, le monde céleste lui sera ouvert — car la conscience d'un homme séparé de son corps physique se trouve toujours au degré immédiatement supérieur à celui où elle fonctionne quand l'homme porte encore le poids de sa prison de chair.

III. ANAGAMI.

L'*Anagâmin* (celui qui ne reviendra plus) est ainsi appelé parce que — ce degré étant atteint — il devrait pouvoir s'élever au suivant dans son incarnation présente. Tout en vaquant à sa tâche journalière, il jouit des nombreuses et magnifiques possibilités de progrès que lui donne l'entière possession des inestimables facultés propres au monde céleste et, la nuit, en quittant son enveloppe physique, il retrouve de nouveau la conscience merveilleusement élargie qui distingue le buddhi. Ce pas accompli, il se dégage définitivement des derniers vestiges qui pourraient encore persister en lui de :

4° *Kâmarâga* — l'attachement aux joies de la sensation ayant pour type l'amour terrestre — et de :

5° *Patigha* — toute possibilité d'éprouver de la colère ou de la haine.

Le novice qui a rejeté ces entraves ne peut plus être entraîné par l'influence de ses sens, ni vers l'amour ni vers la haine; les conditions du plan physique ne peuvent plus lui inspirer ni atta-chement, ni impatience.

Ici encore nous devons nous mettre en garde contre une erreur possible et que nous rencon-trons souvent. L'amour humain, sous sa forme la plus pure et la plus élevée, ne meurt *jamais* — l'entraînement occulte ne lui porte *jamais* aucune atteinte. L'amour grandit et s'élargit jusqu'au point de se répandre sur l'humanité tout entière, avec la ferveur qu'il ne prodiguait d'abord qu'à un ou deux hommes. Du reste, l'étudiant finit par s'élever au-dessus de toutes les considérations basées sur la simple *person-nalité* de ceux qui l'entourent ; il est donc dégagé de toute l'injustice et de toute la partialité qui accompagnent si souvent l'amour ordinaire.

Ne supposons pas, non plus, un seul instant, qu'en acquérant cette large affection pour tous il perde l'amour particulier pour ses amis plus intimes. L'union exceptionnellement parfaite entre Ananda et le Bouddha — saint Jean et Jésus — est une preuve que cet amour grandit, au contraire, dans des proportions immenses. Le lien entre un Maître et ses élèves est bien plus puissant qu'aucune attache terrestre, car l'affec-tion, telle qu'elle règne sur le sentier de la sain-teté, est une affection entre egos et non pas simplement entre personnalités ; aussi est-elle forte et durable sans crainte de diminution ni de changement, car elle est cette « parfaite charité qui bannit la crainte » (1).

IV. ARAHAT (le vénérable, le parfait).

En atteignant ce niveau, l'aspirant jouit en permanence de la conscience du plan bouddhique et peut en employer les forces et les facultés, alors même qu'il occupe son corps physique ; mais, quand il quitte ce corps, pendant le sommeil ou l'extase, il passe immédiatement dans la gloire indicible du plan nirvânique. Dans ce stage, l'occultiste doit dépouiller les derniers vestiges des cinq entraves qui subsistent encore, c'est-à-dire :

6° *Rûparâga* — le désir de la beauté objective ou de l'existence physique, sous une forme quelconque, y compris celle du monde céleste.

7° *Arûparâga* — le désir de l'existence séparée de la forme.

8° *Mâno* — l'orgueil.

9° *Uddhachcha* — l'agitation ou l'irritabilité.

10° *Avijja* — l'ignorance.

Ici nous pouvons remarquer qu'en rejetant *Rûparâga*, l'occultiste dépouille du même coup, non seulement le désir de l'existence terrestre —

(1) Saint Jean, IV, 18.

même la plus grandiose et la plus noble — et de la vie astrale ou dévachanique — même la plus glorieuse, — mais encore toute disposition à être influencé ou rebuté en rien par la beauté ou la laideur extérieures d'aucune personne, ni d'aucun objet.

Arûparâga, le désir de vivre, aussi bien sur les niveaux les plus élevés et où la forme est la plus absente, que — plus haut encore — sur le plan bouddhique, serait simplement un genre d'égoïsme plus relevé et moins sensuel ; il faut donc s'en défaire, tout comme des désirs inférieurs.

Le vrai sens d'*Uddhachcha* est « disposition à l'agitation mentale ». L'homme définitivement dégagé de cette entrave conserve un calme inaltérable, quoi qu'il lui arrive : aucune circonstance ne saurait avoir prise sur sa majestueuse sérénité.

Se délivrer de l'ignorance implique naturellement l'acquisition d'un savoir complet — l'omniscience, à vrai dire, en ce qui concerne notre chaîne planétaire.

Quand toutes ces entraves ont bien disparu, l'ego atteint dans son ascension la cinquième période, celle de l'adepte accompli, et devient :

V. 'ASEKHA, « celui qui n'a plus rien à apprendre » (toujours en ce qui concerne notre chaîne planétaire). Il nous est tout à fait impossible de comprendre — dans notre stage actuel —

en quoi peut consister ce nouveau grade. Toutes les splendeurs du plan nirvânique — l'adepte les contemple, même à l'état de veille. Juge-t-il à propos de quitter son corps — il a le pouvoir d'aborder un état encore plus exalté — un plan qui n'est, pour nous, qu'un mot. Comme l'explique le professeur Rhys Davids : « Il est maintenant sans aucun péché ; il voit toutes les choses de ce monde et les estime à leur véritable valeur ; tout principe mauvais ayant été arraché de son âme, il n'éprouve pour lui-même que des désirs vertueux ; pour les autres il ne respire qu'une tendre compassion et un amour immense. »

Pour montrer combien peu il a perdu le sentiment de l'amour, voici, suivant la Mettra Sutta, l'état d'esprit d'un adepte arrivé à ce niveau :

« L'amour d'une mère qui, au risque de sa propre vie, protège son fils unique — tel est l'amour à témoigner à tous les êtres. Que la bonne volonté surabonde et règne dans le monde entier, en haut, en bas, tout autour, sans restrictions, sans mélange d'aucun intérêt dissemblable ou contraire. Quand un homme demeure immuablement dans cet état d'esprit, qu'il soit debout ou en marche, assis ou couché — alors est accomplie la parole de l'Écriture : En cette vie même a été trouvée la sainteté.

CHAPITRE XVII

AU DELA

Au delà de cette période, nous ne pouvons évidemment rien connaître des conditions gouvernant l'accès aux niveaux, plus élevés, que l'homme arrivé à la perfection a encore devant lui. Nous ne saurions douter pourtant qu'en devenant *Asckha* l'homme n'ait épuisé toutes les possibilités de développement moral et que de nouveaux progrès ne puissent signifier pour lui que des connaissances toujours plus vastes et des facultés spirituelles toujours plus merveilleuses. L'homme — nous est-il dit — en atteignant ainsi sa majorité spirituelle, soit par la voie lente de l'évolution, soit par le sentier plus direct du développement individuel, devient maître absolu de ses propres destinées et choisit le mode de son évolution future parmi sept voies qui s'ouvrent devant lui.

Dans notre stage présent, naturellement, nous ne pouvons espérer nous en faire une idée très nette ; les vagues indications qui, seules, peuvent nous être données sur certaines d'entre elles n'éveillent en nous aucune notion bien précise — sinon que la plupart éloignent complètement l'adepte de notre chaîne terrestre qui ne suffit plus à l'ampleur de son évolution.

L'une de ces voies est celle des adeptes qui, suivant l'expression technique, « acceptent le Nirvâna ». Pendant quelles périodes incalculables demeurent-ils dans cet état sublime ? A quelle tâche se préparent-ils ? Que sera leur future mode évolutif ? — Nous n'en savons rien. A vrai dire et en admettant que des éclaircissements puissent être donnés sur des questions semblables, il est plus que probable qu'ils resteraient pour nous, dans notre stage actuel, tout à fait incompréhensibles.

Mais nous pouvons du moins comprendre ceci : la béatitude Nirvânique n'est pas, comme certains l'ont supposé dans leur ignorance, un morne anéantissement ; bien au contraire — elle implique une activité infiniment plus intense et plus efficace. A mesure qu'il s'élève sur l'échelle de la nature, l'homme découvre des horizons plus vastes, et son travail pour autrui devient toujours plus grandiose et plus étendu ; pour lui, la sagesse et la puissance infinies ne signifient qu'une capacité infinie de servir, puisqu'elles obéissent à un amour sans limites.

D'autres choisissent une évolution spirituelle un peu moins éloignée de l'humanité — car cette évolution, sans être liée directement à la chaîne suivante de notre système, se poursuit pendant deux longues périodes correspondant à ses première et deuxième rondes — après quoi ils semblent, eux aussi, « accepter le Nirvâna », mais à un niveau plus élevé que les adeptes mentionnés tout d'abord.

D'autres, encore, se joignent à l'évolution deva qui a pour théâtre une chaîne grandiose formée de sept chaînes comme la nôtre et dont chacune est pour eux comme un monde unique. Cette ligne évolutive est, paraît-il, la plus graduelle et, par suite, la moins ardue des sept, mais — si on l'appelle parfois la voie de « ceux qui cèdent à la tentation de devenir des dieux », la comparaison avec le renoncement sublime du Nirmânakâya permet seule d'employer cette expression dédaigneuse. L'adepte qui préfère cette ligne a vraiment devant lui une glorieuse carrière et, si le sentier qu'il choisit n'est pas le plus court, l'œuvre à accomplir est d'une grande beauté.

Les Nirmânakâyas forment une autre catégorie ; ils refusent toutes ces méthodes plus faciles et choisissent le sentier, plus court mais plus escarpé, menant aux sommets qui se dressent encore devant eux ; ils constituent ce qu'on appelle poétiquement, « le rempart protecteur » et, comme nous le dit *La Voix du Silence* (1), « préservent le monde de douleurs et de chagrins infiniment plus grands », — non pas en le protégeant contre les influences mauvaises venant du dehors, mais en y déversant à flots la force et les secours spirituels, sans lesquels le monde serait assurément dans une situation bien plus désespérée qu'il ne l'est maintenant.

D'autres enfin restent plus directement encore en relation avec l'humanité, continuent à s'y réincarner et choisissent la voie traversant les quatre stages, que nous avons appelés plus haut la période officielle. Dans leurs rangs sont les Maîtres de la Sagesse, qui nous ont enseigné — à nous étudiants de la Théosophie — le peu que nous savons sur la puissante harmonie de l'évolution naturelle. Il semble qu'un nombre d'adeptes relativement restreint prenne ce parti — sans doute le nombre strictement nécessaire

(1) Librairie de l'Art indépendant, 102, rue Saint-Lazare. (N D.T.)

pour assurer ce côté physique de leur tâche.

En entendant parler de ces différentes possibilités, certaines personnes s'écrient parfois trop
vite : « Il est clair que les Maîtres ne peuvent
songer à prendre d'autre parti que le plus utile
à l'humanité. » Des connaissances plus étendues
empêcheraient des réflexions semblables. Ne
l'oublions jamais — il y a dans le système so-
laire d'autres évolutions que la nôtre, et il est
sans doute nécessaire à la réalisation de l'immense plan du Logos qu'il y ait des adeptes tra-
vaillant suivant chacune des sept lignes dont
nous avons parlé. Le choix d'un Maître est, sûrement, d'aller là où ses efforts seront les plus
nécessaires — et de mettre ses services, avec
une abnégation absolue, à la disposition des
Puissances qui dirigent ce département de
l'énorme ensemble évolutif.

Tel est donc le sentier qui s'étend devant nous
— le sentier que chacun devrait commencer à
suivre. Ces sommets sont vertigineux, mais l'ascension se fait graduellement et pas à pas — et
ceux qui se tiennent maintenant près de la cime
ont jadis traîné leurs pas, comme nous le faisons
aujourd'hui, dans la fange des vallées. Si — en
commençant — le sentier peut paraître dur et
pénible, nos pas — à mesure que nous montons
— deviennent plus assurés et notre horizon plus

étendu, et nous nous trouvons plus à même d'aider nos frères qui escaladent la montagne à nos côtés.

Ce caractère difficile et ardu qu'il présente pour le soi inférieur lui a quelquefois valu le nom de « sentier de la douleur » — mais, suivant la belle expression de Mrs Besant : « Au milieu de toutes ces souffrances règne une joie profonde et permanente, car la souffrance est le partage de la nature inférieure et la joie celui de la nature supérieure. Avec le dernier vestige de la personnalité disparaît tout ce qui est susceptible de souffrance et, chez l'adepte accompli, règnent une paix inaltérable et une félicité éternelle. Il voit le but où tend l'effort général et s'en réjouit — car il sait que les chagrins de ce monde ne sont qu'une phase passagère de l'évolution humaine.

« Il est un point dont on a peu parlé — c'est le bonheur extrême éprouvé en suivant le sentier, en comprenant la nature du but et le chemin qui y mène, en sachant que le pouvoir d'être utile grandit et que la nature inférieure se déracine graduellement. On a dit peu de chose des rayons d'allégresse qui, partant des sommets plus élevés, viennent tomber sur le sentier — des moments où nous apparaît, vision éblouissante, la gloire qui nous attend — de la sérénité que

les orages de ce monde ne sauraient troubler.
Pour l'homme qui s'est engagé dans le sentier,
tous les autres chemins ont perdu leur charme et
ses chagrins font goûter une félicité plus vive
que les meilleures joies du monde inférieur. » —
(*Vahan,* vol. V, nº 12.)

Ainsi, que personne ne se désespère, jugeant
la tâche au-dessus de ses forces. Ce qu'un homme
a fait, un autre peut l'accomplir et, dans la
mesure exacte où nous aiderons les hommes à
notre portée, pourront nous aider nous-mêmes
ceux qui déjà sont au but. Du plus humble au
plus exalté, nous qui suivons le sentier, nous
sommes liés l'un à l'autre par une longue chaîne
de services mutuels. Que nul ne se croie aban-
donné ou seul. Les marches inférieures du vaste
escalier peuvent être voilées de brouillard —
mais nous savons qu'il conduit à des régions
plus heureuses où l'air est plus pur et où la
lumière brille toujours.

TABLE DES MATIÈRES

4-12-01. — Tours, Imp. E. Arrault et Cⁱᵉ

AVIS

COURS

ET

CONFERENCES THEOSOPHIQUES

Pour tous renseignements, s'adresser au siège de la *Société Théosophique*, 52, Avenue Bosquet, tous les jours de la semaine, de 3 heures à 5 heures et demie, et le deuxième et le quatrième dimanche du mois, de 10 heures et demie à midi.

Et à la direction de la *Revue Théosophique Française*, 21, rue Tronchet, tous les vendredis, de 3 heures à 5 heures.

A LA MÊME LIBRAIRIE

Ouvrages par le D^r TH. PASCAL

Ouvrages par ANNIE BESANT

TOURS. — IMP. E. ARRAULT ET Cⁱᵉ.

www.ingramcontent.com/pod-product-compliance
Lightning Source LLC
Chambersburg PA
CBHW050005100426

42739CB00011B/2518